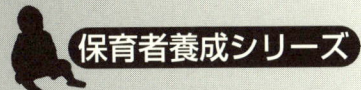
保育者養成シリーズ

障害児保育

林 邦雄・谷田貝公昭 [監修]
青木 豊 [編著]

一藝社

監修者のことば

　周知のとおり、幼児期の保育の場はわが国では幼稚園と保育所に二分されている。幼稚園は文部科学省の管轄の下にある教育の場であるのに対し、保育所は教育を主体とする場ではなく、福祉の側面を備えた厚生労働省の下に位置づけられている。しかしながら、保育所は遊びを通じて情操を育むなど、教育的な側面をも包含していることは言うまでもない。

　このような事情から、従前より、幼稚園と保育所のいわゆる「幼・保一元化」が求められてきた。この動きは、社会環境の変貌とともにしだいに活発となり、保育に欠ける幼児も欠けない幼児も共に入園できる「認定こども園」制度として実現した。すなわち、平成18年に成立した「就学前の子どもに関する教育・保育等の総合的な提供の推進に関する法律」(「認定こども園設置法」)がそれである。

　今後、「総合こども園」(仮称)などの構想もあるが、こうした中で保育者は保育士資格と幼稚園免許の2つを取得するという選択肢が広がる可能性が高まっている。その理由は、総合こども園は、幼稚園機能、保育所機能、子育て支援機能(相談などが提供できる)を併せ持った施設で、既存の幼稚園と保育所を基本としているからである。

　監修者は長年、保育者養成に関わってきたものであるが、「保育学」「教育学」は、ある意味において「保育者論」「教師論」であると言えるであろう。それは、保育・教育を論ずるとき、どうしても保育・教育を行う人、すなわち保育者・教師を論じないわけにはいかないからである。よって、「保育も教育も人なり」の観を深くかつ強くしている。換言す

れば、幼児保育の成否は、保育者の優れた資質能力に負うところが大きいということである。特に、幼児に接する保育者は幼児の心の分かる存在でなければならない。

　この保育者養成シリーズは、幼児の心の分かる人材（保育者）の育成を強く願って企画されたものである。コミュニケーションのままならぬ幼児に接する保育者は、彼らの心の深層を読み取れる鋭敏さが必要である。本シリーズが、そのことの実現に向かって少しでも貢献できれば幸いである。多くの保育者養成校でテキストとして、保育現場の諸氏にとっては研修と教養の一助として使用されることを願っている。

　本シリーズの執筆者は多方面にわたっているが、それぞれ研究専門領域の立場から最新の研究資料を駆使して執筆している。複数の共同執筆によるため論旨や文体の調整に不都合があることは否めない。多くの方々からのご批判ご叱正を期待している。

　最後に、監修者の意図を快くくんで、本シリーズ刊行に全面的に協力していただいた一藝社・菊池公男社長に深く感謝する次第である。

平成24年7月吉日

　　　　　　　　　　　　　　　　　　　　　　監修者　　林　　　邦雄
　　　　　　　　　　　　　　　　　　　　　　　　　　　谷田貝公昭

まえがき

　近年、乳幼児期の種々の障害が社会的にもよく取り上げられるようになった。その背景には、それら障害を持っている子どもの数の増加がある。すなわち、以前では見過ごされていた障害を捉える科学的に妥当な枠組みが少しずつ整ってきたことにより、発見の数が増えたことがその要因の一つと考えられている。とりわけ、発達障害と虐待に起因する愛着障害や外傷後ストレス障害などが、近年、注目されている。

　一方、保育の世界では、「障害」を持っている子に特別支援教育を行うこと、軽症であれば統合保育の中でそれを行おうとする流れが主流となっている。また多くの実証的研究により、障害を持った子どもたちについて、より早期の支援がその子の感情・社会的発達をより適応的な方向に向けることが示されている。

　それら所見の基盤には、脳の発達についての研究がある。すなわち脳は一生可塑性を持ち、遺伝子の影響と環境との影響を相互に受け発達するが、乳幼児期に脳の基本的構造・神経回路とストレスシステムの基礎ができる。また、より早期であればあるほどその可塑性が高いとの研究成果が集積されているのである。そのために、乳幼児期に多くの時間を過ごす保育所・幼稚園という環境は、定型発達児でもそうであるが、障害児にとってはなおさらその時点での、そしてそれ以降の発達のラインに、より大きな影響を与えることができるのである。障害児保育の重要性のゆえんがそこにもある。

　こういった背景から、入所施設や通園施設など障害児に特化した施設でも、一般の保育所・幼稚園でも、職員は、障害児保育をめぐる多くの

側面を理解し、発達支援の技術を学ぶ重要性が増している。本書では、それら多側面の知識を、厚生労働省が提示している講義概要を反映させ構成し、保育士・幼稚園教諭の養成を行う機関でテキストとして用いやすいような作りとした。

　これらの知識や技術が一朝一夕に習得できるものでないことは言うまでもないが、本書が、将来保育者となることを目指している学生諸君のテキストとして、知識・技術習得の第一歩となることを願っている。また保育の現場で働いておられる保育士や幼稚園教諭の方々には、今一度基本を確かめるために本書を用いてもらえれば幸いである。

　本書の執筆者は多方面にわたっており、各章とも筆者の熱意が根底に感じられる内容となっている。一方、編集を行ったのは私であり、編集上の不具合はひとえに私の責任である。読者の方々からのご意見をいただければ幸いに思う。

　最後になったが、本書を編集するという意義ある機会を与えて下さった谷田貝公昭先生に感謝申し上げる。また、なかなか仕事の進まない私を一貫して励まし、本書の細部まで目を配り、校正をしていただいた一藝社の森幸一さん、伊藤瞳さんに感謝したい。

平成24年7月

編著者　青木　　豊

障害児保育 ● もくじ

監修者のことば……2
まえがき……4

第1章 「障害」の理解……9
第1節　障害をどのように捉えるか
第2節　障害観とその歴史
第3節　障害理解について

第2章 障害児保育の理念と形態……21
第1節　障害児保育の理念
第2節　分離保育と統合保育
第3節　インクルージョン

第3章 障害児保育の現状と課題……35
第1節　障害児保育の現状
第2節　厚生労働省管轄の施設
第3節　文部科学省管轄の施設
第4節　障害児保育の課題

第4章 わが国の障害児保育の歴史……47
第1節　障害児保育と内なる優生思想
第2節　障害児保育の歴史的変遷
第3節　障害児保育の現代的な展開

第5章 肢体不自由児、視覚・聴覚障害児の理解と援助……59
第1節　肢体不自由児の理解と援助
第2節　視覚障害児の理解と援助
第3節　聴覚障害児の理解と援助

第6章 知的障害児の理解と援助…… 71
- 第1節 知的障害児の理解
- 第2節 知的障害児の発達
- 第3節 知的障害児の援助

第7章 言語障害児の理解と援助…… 83
- 第1節 言葉の発達と障害
- 第2節 言葉の障害の種類と特徴
- 第3節 保育場面における指導と援助

第8章 発達障害児の理解と援助…… 97
- 第1節 発達障害への対応
- 第2節 広汎性発達障害
- 第3節 注意欠陥/多動性障害
- 第4節 学習障害

第9章 「気になる子ども」の理解と援助…… 109
- 第1節 「気になる子ども」とは？
- 第2節 虐待を受けている子ども
- 第3節 外傷後ストレス障害の子ども
- 第4節 選択的緘黙などの子ども

第10章 集団活動・生活習慣の援助…… 123
- 第1節 障害のある子どもへの基本姿勢
- 第2節 遊びと集団活動の援助
- 第3節 基本的生活習慣の援助

第11章 保育計画の作成と協働……135
第1節　クラス全体の保育計画の作成
第2節　個別の保育計画の作成
第3節　教職員間の協働と園全体の取り組み

第12章 保護者・家庭への支援……149
第1節　障害のある子を育てていくために
第2節　障害のある子とともに生きる家族
第3節　障害のある子の発達を支えるには

第13章 関連機関との連携……161
第1節　障害児に関わる福祉・教育施策
第2節　障害児に関わる機関
第3節　個別の支援計画の作成と地域との連携
第4節　就学の手続きと小学校との連携

第14章 障害児保育に関わる施策上の課題……173
第1節　就学前の障害児をめぐる課題
第2節　障害児の就学先をめぐる課題
第3節　障害児の増加と施策の視点

第15章 障害児保育の事例演習……187
第1節　事例報告のまとめ方
第2節　事例に関する情報収集の仕方
第3節　障害の早期発見と保育の視点

監修者・編著者紹介……201
執筆者紹介……202

第1章

「障害」の理解

原子はるみ

第1節　障害をどのように捉えるか

　近年の保育所や幼稚園等の状況では、「気になる子」といわれる発達障害の子どもを含むさまざまな障害のある子に対応した保育の実践が求められる。障害のある子どもに関する基本的な知識は欠かせないものとなり、一人ひとりに適した指導や援助の内容・方法が問われている。障害のある子どもを理解するためには、広い視点を持ち保育を捉えることが重要となる。

1. 障害とは

　あなたは「障害」という言葉を聞くとどのようなイメージを持つだろう。医学的に治らないから、一生そのままで不自由なものと思う人もいるだろう。障害児のスポーツ教室などをしていると、「大変な体なのに、がんばっているね。私たちは健康な体だから、負けないようにもっとがんばらなくちゃいけないね」という会話を聞くことがある。この言葉を考えてみると、無意識のうちに障害児と比較し、がんばらなければ優位になれない。つまり障害児・者をレベルダウンの対象と固定化した見方をしてはいないだろうか。また、障害の状態は変わらないと固定的に考えている人もいるのではないだろうか。
　障害があると、確かに不自由で不便で不利なことは多い。しかし、障害に対して適切な働きかけと援助をすることにより、日常生活や活動が可能になり、軽減できることは、さまざまな研究から明確になってきている。
　人間は発達し、変化する存在である。一人ひとりの発達に障害がどのように不便・不自由をもたらし、それをどのようにすれば改善することができるのかという視点で障害を考えていく。

2. 障害の定義と分類

「障害」と一口に言ってしまうが、障害を3つのレベルに分けた考え方を基本としたのは1972年のWHO（世界保健機関）の定義である。障害の3つのレベルとは「機能障害（impairment）」「能力障害（disability）」「社会的不利（handicap）」である。**図表1**に示したように、病気や疾患から機能障害が起こり、それが元で能力障害が生じ、社会的不利がもたらされること、あるいは機能障害から直接、社会的不利が生ずるとされた。この考えが基になり、1980年にICIDH（International Classification of Impairments, Disabilities, and Handicaps）としてWHO国際障害分類とした。

例えば、乳児期に病気のために聴力を失ったAさんを例に考える。医学的に聴力がないことは「機能障害」である。その結果、音が聞き取れ

図表1　ICIDH：WHO国際障害分類（1980）の障害構造モデル

図表2　ICF：WHO国際生活機能分類（2001）の構成要素間の相互作用

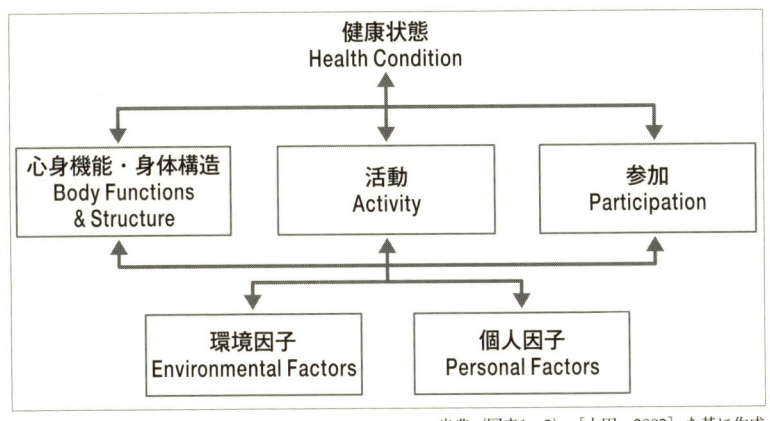

出典（図表1・2）：[上田、2002] を基に作成

ない、言葉が話せないという「能力障害」、日常の会話ができない、生活の中の音が聞き取れず危険な場合も多く「社会的不利」が起こる。つまり「機能障害」「能力障害」「社会的不利」が一方向の因果関係と考えられる。しかし、人工内耳や補聴器を使用することによって「能力障害」は軽減される。また、手話や筆記などによりコミュニケーションがとれるようになれば「社会的不利」も少なくなる、というように環境との関わりに大きく影響される。

このようなことから2001年、WHOはICF（Internatioal Classification of Functioning, Disability and Health：国際生活機能分類）を国際障害分類の改訂版として定義した。**図表2**にあるように、健康状態と背景因子との関係や心身機能・身体構造、活動、参加における機能によって分類される。さらに、今まで否定的でマイナス面で捉えている言葉から、生活機能のプラス面を重視し、障害者の全体像を見ていくように視点を転換した考えに変わった。そして、障害者のみならずあらゆる人間を対象として、生活と人生の全てを分類・記載・評価できるものに進んだ。

ICFの構成要素の定義を以下に述べる。

- 心身機能（body functions）とは、身体系の生理的機能（心理的機能を含む）である。
- 身体構造（body structures）とは、器官・肢体とその構成部分などの、身体の解剖学的部分である。
- 機能障害（構造障害を含む）（impairments）とは、著しい変異や喪失などといった、心身機能または身体構造上の問題である。
- 活動（activity）とは、課題や行為の個人による遂行のことである。
- 参加（participation）とは、生活・人生場面（life situation）への関わりのことである。
- 活動制限（activity limitations）とは、個人が活動を行うときに生じる難しさのことである。

図表3　ICFによる第1レベルの分類

心身機能 body functions
- 第1章　精神機能　mental functions
- 第2章　感覚機能と痛み　sensory funcitons and pain
- 第3章　音声と発話の機能　voice and speech functions
- 第4章　心血管系・血液系・免疫系・呼吸器系の機能　functions of the cardiovascular, haematological, immunological and respiratory systems
- 第5章　消化器系・代謝系・内分泌系の機能　functions of the digestive, metabolic and endocrine systems
- 第6章　尿路・性・生殖の機能　genitourinary and reproductive functions
- 第7章　神経筋骨格と運動に関連する機能　neuromusculoskeletal and movement-related functions
- 第8章　皮膚および関連する構造の機能　functions of the skin and related structures

身体構造 body structures
- 第1章　神経系の構造　structures of the nervous system
- 第2章　目・耳および関連部位の構造　the eye, ear and related structures
- 第3章　音声と発話に関わる構造　structures involved in voice and speech
- 第4章　心血管系・免疫系・呼吸器系の構造　structures of the cardiovascular, immunological and respiratory systems
- 第5章　消化器系・代謝系・内分泌系に関連した構造　structures related to the digestive, metabolic and endocrine systems
- 第6章　尿路性器系および生殖系に関連した構造　structures related to the genitourinary and reproductive systems
- 第7章　運動に関連した構造　structures related to movement
- 第8章　皮膚および関連部位の構造　skin and related structures

活動と参加 activities and participation
- 第1章　学習と知識の応用　learning and applying knowledge
- 第2章　一般的な課題と要求　general tasks and demands
- 第3章　コミュニケーション　communication
- 第4章　運動・移動　mobility
- 第5章　セルフケア　self-care
- 第6章　家庭生活　domestic life
- 第7章　対人関係　interpersonal interactions and relationships
- 第8章　主要な生活領域　major life areas
- 第9章　コミュニティライフ・社会生活・市民生活　community, social and civic life

環境因子 environmental factors
- 第1章　生産品と用具　products and technology
- 第2章　自然環境と人間がもたらした環境変化　natural environment and human-made changes to the environment
- 第3章　支援と関係　support and relationships
- 第4章　態度　attitudes
- 第5章　サービス・制度・政策　services, systems and policies

出典：厚生労働省ホームページ「国際生活機能分類―国際障害分類改訂版」（日本語版）
（http://www.mhlw.go.jp/houdou/2002/08/h0805-1.html）、2002年8月を基に作成

- 参加制約（participation restrictions）とは、個人が何らかの生活・人生場面に関わるときに経験する難しさのことである。
- 環境因子（environmental factors）とは、人々が生活し、人生を送っている物的な環境や社会的環境、人々の社会的な態度による環境を構成する因子のことである。

(出典：図表3と同じ)

　これらを見ると、障害は個人に特定されるものではなく、社会環境により影響される機能の状態であることが分かる。であれば、環境の要因となるところを改善・充実させることが重要となることが理解される。
　国際生活機能分類は、生活機能の障害を約1500項目に分類している。**図表3**に、国際機能分類の第1レベルを示すことにする。

第2節　障害観とその歴史

1. ノーマライゼーションの考え方

　ノーマライゼーションの考え方は1950年代にデンマークで始まり、世界中に広がった。当時、北欧諸国では障害者や高齢者などの社会的弱者を正常（ノーマル）なものとせず社会から隔離し、施設内に収容し生活させる傾向にあった。そのような中で、社会省担当官であったバンク-ミケルセン（N. E. Bank-Mikkelsen, 1919 ～ 1990）が、隔離され劣悪な環境の巨大施設に収容されている知的障害者の実態に抗議し、障害者が一般の市民と同じ場所で同じ生活ができることを求めた運動が始まりである。つまり「障害のある人間」を特別な存在としてではなく、「我々と同じ人間」として理解し、できるだけノーマルな生活を送れるようにすることである。

この運動はその後、スウェーデンのニィリエ（B. Nirje, 1924～2006）に引き継がれた。彼は「知的障害者は、ノーマルなリズムにしたがって生活し、ノーマルな成長段階を経て、一般の人々と同等のノーマルなライフサイクルを送る権利がある」とし、ノーマライゼーションの原理を提唱した。このような考え方がアメリカでも紹介され、世界的に普及させたのがヴォルフェンスベルガー（W. Wolfensberger, 1934～2011）である。そして、国連の「知的障害者の権利宣言」（1971年）、「障害者の権利宣言」（1975年）、「国際障害者年行動計画」（1980年）などの基本理念として位置づけられ、「国連・障害者の10年」（1983年～1992年）へと発展した。
　わが国でも「国連・障害者の10年」を受け、さまざまな取り組みが行われた。「障害者プラン」（ノーマライゼーション7か年戦略：1995年）においては、ノーマライゼーションの理念に基づき、施策の目標に①地域で生活するために、②社会的自立を促進するために、③バリアフリー化を促進するために、④生活の質（QOL）の向上を目指して、⑤安全な暮らしを確保するために、⑥心のバリアを取り除くために、⑦わが国にふさわしい国際協力・国際交流を、の7つの視点を盛り込んだ。人間としての尊重と基本的人権、教育や労働など地域社会での生活の保障が重視された。このようにノーマライゼーションの考え方は障害者も健常者も同じように、社会の一員として参加し、自立した生活ができる社会を目指すものである。それは、障害者も健常者も、高齢者も外国人も、さまざまな人が必要とする支援を受けながら、地域で生活し支え合うノーマルな社会をつくることである。

2. ノーマライゼーションの障害児保育・教育への影響

　またノーマライゼーションの原理は、障害児保育や教育にも大きく影響していると言える。例えば、アメリカの「全障害児教育法」（1975年）やイギリスの「ウォーノック報告」（1978年）では、隔離された状況の

中の教育、あるいは入学を全く拒否されていた子どもに対して、「障害のある子どもと障害のない子どもが、いっしょに学習していきましょう」「あなたに合った教育の環境を考え、実践していきましょう」という「統合教育（インテグレーション：integration）」、「特別な教育的ニーズ（SEN：Special Education Needs）」の考えに転換されてきた。日本でも、徐々にそれらの考えが取り入れられ、健常児の中に障害児が入り、同じ場所で、同じ活動内容を通して、双方が育ち合う教育が行われるようになってきた。

　その後、ユネスコによるサラマンカ宣言（1994年）により、インクルージョン（inclusion）の考えが提起された。それは、子どもの実態を捉えるときに、障害の医学的な程度の判断ではなく、個々のニーズに立って全ての子どもへの教育的サポートをすることにある。

　ノーマライゼーションの理念は医療から生活機能へ、ADL（日常生活動作：Activities of Daily Living）からQOL（生活の質：Quality of Life）へ、施設から地域社会へ、保護から本人主体へと変化し、障害者のあるがままの姿を受け入れ、地域で我々と同様の社会生活を送ることが可能となるようにすることである。ノーマライゼーションの父といわれるバンク-ミケルセンは「ノーマライゼーションを難しく考える必要はない。自分が障害者になったときにどうしてほしいかと考えれば答えは出てくる」と言っている。

　このようなノーマライゼーションの思想に裏づけされ、保育・教育も大きく変遷してきた。2008年の「保育所保育指針」「幼稚園教育要領」では、障害のある子どもの保育について明記されている。

　わが国の障害児保育の制度を見ると、分離保育と統合保育の形態がほとんどである。インクルージョンについては多くの課題もあり、これからに期待するところである（第2章参照）。

第3節　障害理解について

1. 障害児保育の目的──2つの視点

　ここまで、障害の概念や定義などを述べてきた。これから保育に関わる人には、もう一つ考えてほしいことがある。諸施策や制度によって障害のある子どもの保育における保障が明確になった。保育に関してはさまざまな支援を要するが、特に子どもと関わる保育者には、子どもの発達の遅れや障害に対する専門的な知識、適切な支援等における障害理解は必須であり重要である。

　昨今、保育現場における障害のある子どもの増加や障害の多様化などを踏まえ、より専門的な学習の必要性や発達障害およびその疑いのある子どもや保護者への支援を含めた適切な対応が必要とされる。また保育者は、障害のある子どもの早期発見や発達支援などの専門性に加えて、障害のない子どもと障害のある子どもの適切な関わりや、他児が障害のある子に対して違和感を持たず、スムーズに受け入れられるよう配慮するなど、障害に対する理解を推進させる役割を担うことも求められている。

　保育はインクルーシブであり、保育所・幼稚園における障害児保育の目的は2つの視点がある。

　視点の第1は、障害のある子どもへの保育に関する援助である。これについては、以降の章で詳しく述べられる。

　第2の視点は、健常児が障害のある子どもといっしょに生活することで促されるであろう障害理解の部分である。保育所や幼稚園に障害児が居るとか、クラスに在籍しているからといって、他の子が障害を理解しているとは言えない。交流だけでは「かわいそう」「できないから手

伝ってあげる」等の哀れみや同情、あるいは「する」「される」という上下関係が芽生えてしまう。そこに関わる保育者の役割が重要になってくる。障害児と健常児の双方の育ちがあって障害児保育の目的は達成されると言える。

しかし、現場では日々支援を要する子への適切な支援方法や対応に苦慮しており、いっしょに生活する健常児に対する障害理解の教育がなされていないのが現状である。

2. 障害のありのままを分かりやすい言葉で伝える

障害理解については発達段階があるとして、徳田克己らは「障害に関する正確な知識や適切な認識を持つためには、それを目的とした教育が必要である」と述べ、理解の発達レベルを5段階に分けている（**図表4**）。

第1段階の気づきの段階では、子どもであれば興味を持つことは当然であり、そこにマイナスのイメージを持たせたり、周囲の大人が子ども

図表4　障害理解の発達段階

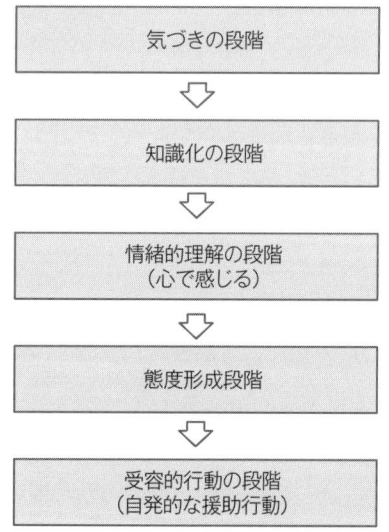

出典：［徳田・水野、2005］を基に作成

の気づきを無視しないことを挙げている。第2段階では、自分の身体の機能を知り、障害の原因、症状、障害者の生活や接し方、エチケットなどを広範囲に知る段階としている。同時に第3には、障害児・者との直接的・間接的な接触体験から心で感じる段階として、身近に感じたり、また受け入れたりするように促す教育の必要性を述べている。

　保育所・幼稚園などでは、同じクラスの補聴器や車イスを使っている子ども、手指の欠損などの目に見える身体的な特徴や行動に特徴のある子どもについて、「Tちゃんはどうして〇〇なの?」「どうしてBちゃんはみんなといっしょにやれないの?」という質問を投げかけたり、また、自分たちと同じことができないことへの疑問などを持ったりすることが多く見られる。

　幼児期の障害理解で重要なことは、障害の医学的な知識だけを伝えるのではなく、目の前にいる子どもの障害のありのままを、分かりやすい言葉で伝えていくことである。幼児は理解力が十分でないので、「Tちゃんの場合は〇〇だから、〜なのよ」と説明するとともに、できないことや困難なことだけを伝えるのではなく、他にできることやこうすればできるという具体例を話すことによって障害を理解しやすくするのである。障害児のイメージについて、「お世話をしなければならない困っている子ども」というように捉えさせることのないように配慮する必要がある。

　このように、幼児期は障害理解の最初の大切な段階であり、障害児との生活や活動を通して、障害のありのままを知ること、そこから障害に対する見方や考え方を育てることにつないでいきたいものである。

【引用・参考文献】

　上田敏「LCF：国際生活機能分類と21世紀のリハビリテーション」『広島大学保健学ジャーナル』Vol.2 (1)、2002年、pp.6-11

徳田克己・水野智美編著『障害理解──心のバリアフリーの理論と実践』誠信書房、2005年

久田信行「国際生活機能分類（ICF）の基本的概念と評価の考え方」『群馬大学教育実践研究』第28号、群馬大学教育学部付属学校教育臨床総合センター、2011年、pp.179-191

第 2 章

障害児保育の理念と形態

矢野　正

第1節　障害児保育の理念

　障害のある子どもの保育をめぐっては、従来からの障害のある子どもにとどまらず、「気になる子ども」などと呼ばれるさまざまな障害のある子どもにも対応していかなければならない状況となっている。それゆえに、これから保育に携わろうとする者にとっては、障害のある子どもの保育に関する基本的な知識と技術は、欠かせないものとなっている。

　障害児保育とは、障害のある子どもを受け入れて行う保育であって、一人ひとりに必要な指導および援助が行われる保育のことである。障害のある子どもを受け入れた保育の現場では、個々の違いを認め、一人ひとりの子どもの生活に合わせて保育を展開・工夫させ、新しい保育のあり方を模索することとなる。それぞれの保育の現場において、展開・工夫された保育の要素を一つずつ丁寧に集約・検討し、その要素を新しく組み立てていくような地道な作業が障害児保育の本質なのである。

1. 障害児保育の対象の広がり

　文部科学省の「21世紀の特殊教育の在り方に関する調査研究協力者会議」の最終報告書（2001年）では、社会全体のノーマライゼーションの進展、障害の重度・重複化や多様化、教育の地方分権の推進など特殊教育をめぐる状況の変化を踏まえ、今後の特殊教育のあり方について、就学指導、特別な教育的支援を必要とする幼児・児童・生徒への対応、特殊教育の改善・充実のための条件整備などについて具体的に提言している。その後「特別支援教育の在り方に関する調査研究協力者会議」が発足し、その最終報告（2003年）では、障害のある子どもの教育について、障害の程度に応じて特別の場で指導を行う「特殊教育」から、障害のある幼児・児童・生徒一人ひとりの教育的ニーズに応じて適切な教育的支

援を行う「特別支援教育」への転換を基本的方向として示すこととなった。そして、2007年の学校教育法の一部改正によって、特殊教育から特別支援教育への全面的な移行が行われ、分離の原則であった障害児への教育と支援が、通常の学級においても、幼児・児童・生徒の実態に応じて実施されることとなったのである。加えて、それまでの通常学級での教育が、原則として障害のない子どもを対象としたものと考えられてきたのに対し、通常学級に在籍する、主として発達障害を抱えた子どもも支援の対象に含むとしたことで、障害児教育や障害児保育の概念は一気に広がり、通常学級における障害のある子どもの実態と対応に関する研究が喫緊の課題となり、数多く実施されることとなっていった。この急速な特別支援教育への転換の流れの源流は、LD、AD/HD、自閉症スペクトラム障害といった知的障害を伴わない障害に関する研究が進展し、これまで障害児と捉えられてこなかった子どもたちが、教育的ニーズを抱えた子どもとして認知されるようになってきたことである。知的障害を伴わない発達障害の存在が広く認知され、乳幼児期から成人期までの一貫した支援・援助の必要性が明確に示されたと言える。

　発達障害者支援法第7条では、「保育の実施に当たっては、発達障害児の健全な発達が他の児童と共に生活することを通じて図られるよう適切な配慮をするものとする」と明記され、支援法で定義される発達障害児の保育が、原則として健常児と共になされるべきであるとされている。発達障害の存在が広く認知されたことで、いわゆる気になる子どもや障害児として捉えられる子ども、教育的支援のニーズのある子どもたちに対して、障害児保育の対象も広がりを見せることとなり、保育の現場においても、学校教育同様に、一人ひとりの教育的支援ニーズに応えることが求められるようになっている。2009年施行の幼稚園教育要領においても「障害のある幼児の指導に当たっては、集団の中で生活することを通して全体的な発達を促していくことに配慮し、特別支援学校などの助言又は援助を活用しつつ、例えば指導についての計画又は家庭や医療、

福祉などの業務を行う関係機関と連携した支援のための計画を個別に作成することなどにより、個々の幼児の障害の状態などに応じた指導内容や指導方法の工夫を計画的、組織的に行うこと」(第3章第1-2 (2)) と記されており、幼稚園においても、障害のある幼児のための個別の指導計画の作成や指導内容、指導方法の工夫が求められている。このように、保育現場では、障害のある子どもたちを通常の保育に受け入れる段階から、個々に応じた配慮をしながら全体の保育の中に特別な支援教育を位置づけることが求められるようになってきている。

2. 転換期にある障害者施策とその重要性

　国では、「障害者の権利に関する条約(仮称)」の締結に向けた国内法の整備をはじめとする障害者にかかる制度の集中的な改革を行うため、2009年12月に「障がい者制度改革推進本部」を設置し、同本部の下で「障がい者制度改革推進会議」において、障害者制度改革に向けた検討が行われている。2010年6月には「障害者制度改革の推進のための基本的な方向(第一次意見)」が、同年12月には「障害者制度改革の推進のための第二次意見」が障がい者制度改革推進会議に提出され、「障害者制度改革の推進のための基本的な方向」が閣議決定されるに至った。

　2011年6月には「障害者虐待の防止、障害者の養護者に対する支援等に関する法律(同年10月施行)」が可決成立し、障害者に対する虐待行為を禁止するとともに、虐待行為を発見した場合には通報を義務づけ、その通報先として市町村に「障害者虐待防止センター」の設置を求めるなど、近年、障害者施策のめまぐるしい変化がある。

　その後、2011年8月には「障害者基本法」が一部改正され、全ての国民が障害の有無にかかわらず、基本的人権が享有されるかけがえのない個人として尊重され、相互に人格と個性を尊重し合いながら共生する社会を実現すること、障害を理由とした差別の禁止などが規定されている。障害児の保育に当たっては、これらの法改正も念頭に置きながら、ノー

マライゼーションとリハビリテーションの具現化を常に意識し、障害児一人ひとりが主体性を発揮し、自己実現を目指した生きがいのある生活を送ることができるよう、それぞれの障害の状況に応じた適切な療育および保育を実施し、多様な学びの機会を確保しなければならない。

3.「一人ひとりを大切に」と「みんないっしょに」

　障害児保育の意義としては、まず1つ目に「障害のある子どもをどう理解するか」という問題がある。障害者施策に関する最新の動向に留意しながら、障害児にとって最善の利益を追求した障害児保育を目指す必要がある。2つ目に、「障害のない子どもの育ちをどう理解するか」という問題がある。障害のある子どももそうでない子どもも、乳幼児期から共に生活をしていく中で、お互いを理解し、そして関わり合い、育ち合って、現在および将来にわたっていっしょに生きていくための土台づくりを担っていると考えるのが障害児保育の理念である。

　実際の保育実践の中では、さまざまな困難な状況が生み出されている。それは先ほど述べた「一人ひとりを大切に」と「みんないっしょに」といった両義性とも言える2つの目標をめぐって、教育的支援の振り幅が大きく異なるからである。まず障害ゆえの特別の指導や援助が必要となる。これは「一人ひとりを大切に」を保育者が実践するときに現れるものである。具体的には、移動や食事、排泄の介助、ゆっくりとした動作に付き添うこと、多動傾向のある子どもの場合には、危険がないように注意して見たり付いていったりなどのことが挙げられる。その一方で、「みんないっしょに」と願うとき、いっしょにできるような方法を一から考え、試みなければならないのである。

　これらの保育者の保育や指導の工夫を子どもたちは見て、子どもなりにいろいろと試行錯誤しながら障害児との関わり方を学ぶのである。障害のある子どもを保育集団に受け入れるに当たっては、このような困難を背負って立つ覚悟が必要なのである。

4. 障害理解への関心の高まり

　障害児保育の目的には、まず一般の保育と障害児保育との連続性に気づかせるとともに、一人ひとりの発達上の課題に対しての特別な保育ニーズと支援を明らかにする観点から、障害理解を行っていくことが挙げられる。次に、障害児保育を支える理念に関して理解を深めるとともに、併せて、保育所や幼稚園等、また障害乳幼児通園施設などでの保育における歴史の変遷と現状の問題、および今後の課題を理解することである。また、さまざまな障害について理解するとともに、個別的な保育上の留意点、具体的には、日常生活動作、食事動作、排泄動作、衣服の着脱動作等の保育方法について理解する必要がある。さらに、各種の相談機関などの種類と内容、障害児への個別的な援助の方略とその保護者を中心とした支援内容に関しても理解を深めておかなければならない。

　障害児保育が始まって40年近くとなる。初期の混乱期とその後の模索期、そして安定期を迎えて現在に至っているが、その間多くの市町村では、さまざまな障害を持つ幼児が保育所や幼稚園等において地域の子どもたちと共に生活をし、その障害を改善し集団の中で生きていくさまざまな力を獲得していく事例が数多く報告されてきた。このように幼児期における子ども集団の交流や刺激というものは、いかなる障害を持っていようとも子どもが育っていくときに必要不可欠なものと言える。ちなみに、2008年5月に名古屋で開催された日本保育学会第61回大会の発表論文集では59本の障害児保育に関する研究が発表され、その数は5年前の2003年5月静岡大会での発表論文数19本の約3倍に上っている。さらに、2012年5月に開催された日本保育学会の主要テーマにも採用されている。

　また、障害児保育を体験した人たちが地域社会の構成員となる時代を迎えつつあり、少しずつではあるが、障害児の家族に対する理解も深まってきたように思われる。現在では、障害児の問題は、その家族や専門機関のみにとどまらず、地域全体の問題として取り組むといった形態

が見え始め、地域支援センターをはじめ、保育所や幼稚園等は、地域で障害児が生活していく最初の社会的生活体験の場として重要な社会資源（リソース）として定着しつつある。しかしながら、多くの市町村では保育現場をサポートする体制はいまだ脆弱なものであり、指導法や保育の内容についても一定の方向性が見えないという実態もうかがわれる。

5.「気になる子」への多様な保育ニーズ

　これまで、各地の保育所や幼稚園等では、障害児保育に関し、「発達の違いや行動パターンの異なる子どもをいっしょに保育するには、どのような方法があるのか」「情緒的な表現の難しい子どもとの対人関係をより深めるためにはどうすればよいのか」「クラスの他児との関係を構築するためにはどのような保育の形態が望ましいのか」「障害をそのまま受け止めながら、発達を促すといった一見矛盾するような保育とはどういうものなのか」といったさまざまな問題を抱えながら、その糸口を見いだすために、それぞれ独自の取り組みがなされてきている。

　近年の少子化に伴い、保育所や幼稚園等に入る障害児の総数は減少傾向にあると言える。その一方で、「トラブルが多い」といったような他児との関係上に困難さを持つ「気になる子」の指導上の配慮に迫られている。

　近年注目されている保育の現場における「気になる子」は、知的には顕著な遅れが見られないにもかかわらず、「落ち着きがない」「場面や状況に順応することが苦手」「不注意」「衝動的」といった他者との相互交渉に問題を抱えているため、子どもたちの仲間集団での遊びを成立させることが難しい。また、このような特徴を持つ子どもの保護者への教育相談などにも応じていかなければならない。このようにさまざまな保育のニーズが高まりつつある状況の下で、保育士はより幅広く障害児保育に関する専門性を身につけていくことが期待されている。

第2節　分離保育と統合保育

　障害児保育には大きな流れとして、①Segregation（分離保育）→②Integration（統合保育）→③Inclusion（包容保育）という流れがある。

1. 分離保育（セグリゲーション）

　分離保育とは、障害のある子どものみを対象として行われる集団保育の形態である。分離保育が行われる場としては、特別支援学校幼稚部や障害のある子どものための各種障害児通園施設（知的障害児通園施設、肢体不自由児施設、難聴幼児通園施設、児童デイサービス等）がある。

　分離保育では、障害のある子どもの保育や教育を行うための専門的な教職員、施設、設備、教材・教具などが用意されているため、障害のある子ども一人ひとりの認知特性や発達状況に応じてきめ細やかな指導や援助ができるというメリットがある。特に、重い障害を持った子どもにとって、その意義は大きいと考えられる。専門機関の連携によって指導や訓練を総合的に実施できる点も長所と言える。

　しかしながら、子どもの発達は集団というグループダイナミックスによって大きく促される側面も持っており、分離保育では、教職員と障害のある子どもとの親密な関係づくりはできても、障害のない子どもとの関係や子どもどうしの関係はかえって希薄になってしまう可能性がある。子どもどうしの関わりや学び合いの中から、基本的生活習慣、言葉、社会性、対人関係等を獲得していくことを考えると、この点はデメリットと言えるかもしれない。障害児だけの集団では、周りの他児からの刺激を得にくいことが指摘される。また、分離保育を行う各種専門治療施設はそれほど多くなく、通園可能な場所にあるとは限らないし、通園するにしても、身体・情緒面に困難を抱える子どもが日々通うには子どもや

保護者に大きな負担となる。

2. 統合保育（インテグレーション）

　統合保育とは、一般の保育所や幼稚園等で行われている障害児保育の形態であり、健常児の集団の中で、障害児もいっしょに保育を受けるものである。障害のある子どもの特性などに十分に配慮して、障害のない子どもといっしょに行われる保育を指す。ノーマライゼーションの理念の浸透、保護者の意識の変化、幼児数の減少などにより、徐々に、障害のある子どもの入園・入所率は増加している。このノーマライゼーションの理念の背景には、障害のある子どもとない子どもの発達の保障、障害のない子どもとの交流が障害のある子どもの発達にとって望ましい影響を与えるという現場における保育・教育実践の蓄積が大きな推進力・普及力となっている。ノーマライゼーションとは、障害者などの社会的弱者とされる人々の生活や生活改善の手法をノーマルな状態にすることである。軽微な例を含めれば、どの保育所や幼稚園等にも障害のある子どもが在籍する状況にあり、特別支援教育は、保育所や幼稚園等にまで範囲が拡大される方向にある。健常児と同じ場で保育活動を共に行う統合保育の実施園は増加傾向にある。障害児保育を実施している全国の保育所数を見ると、1997年では1万4812園（66.2%）であったのに対し、2006年には1万7961園（79.1%）と増加している。特に、施設設備の要求度が比較的低い発達障害児が在籍している園の割合が高いのが現状であろう。崔喜媛と西出和彦は、発達障害の重要な特徴であるコミュニケーション能力および社会性の欠如に着目し、関わり方と物の関係について、保育活動に適切に遊具や道具を取り入れることによって、障害児の保育効果および他児との関わりの増大が期待できるとしている［崔・西出、2009］。

　統合保育では、障害のある子どもと障害のない子どもの保育の場は原則として同じである。主として、障害のない子どものために作られた園

生活の流れの下で保育を行いながら、障害のある子どもの参加が可能となるように活動内容を工夫したり、個別的な対応をしたりすることで同じ場での保育を可能にしている。

これまでの障害児保育では、障害のある子どもや保護者への関わりに焦点が当てられてきたが、周囲の人たちが障害のある子どもや保護者に向けている偏見を取り除くような取り組みも重要であると考えられる。杉田穏子はその事例において、担当保育士が、障害のある子どもとクラスの子どもたちとの関わりを描いてニュース（月1回）にまとめ、同僚やクラスの保護者に配布し、そのニュースを読むことで、同僚や保護者たちは、子どもたちの間に形成されている関係性の豊かさに目を向ける視点が育ったことを報告している［杉田、2010］。今後、障害ある子どもがクラスに在籍する意味を、周囲の多くの人に伝えていく取り組みが大切であり、そのことが障害児・者の理解と関係の輪の広がりにつながっていくと考えられる。また北野絵美は、統合保育では早期療育からの継続性が非常に重要であることを報告し、そのうえで、統合保育を行う意義として他児への興味・関心を持ち、模倣行動が出始めている幼児にとって、他児がモデルとなり大きな成長・発達等を遂げることを報告している［北野、2010］。さらに、他児と共に生活することそのものも大きな意義となることを指摘している。このように、統合保育の効果については、社会的相互作用や基本的生活習慣での発達的変化が大きいと考えられ、統合保育は、障害のある子どもの発達に効果があるだけではなく、障害のない子どもにとってもよい影響を与えていることが示唆される。

統合保育は、全面的な統合保育（完全保育）と部分的な統合保育（部分保育）に分けられる。全面的な統合保育とは、全保育時間を通して統合された保育であり、部分的な統合保育とは、全保育時間の中の一部のみいっしょに過ごすことを指す。部分的統合保育は、①移行方式、②リソース方式、③交流方式などの保育形態に分けられる。

移行方式とは、治療や訓練を施して身体の生活機能が促進された段階

で、一般の保育所や幼稚園等へ移行していくものである。リソース方式とは、初めから統合保育の場に在籍しながら、障害のための特別に配慮を必要とする個別的治療や訓練を別に行うものである。具体的には、作業療法や理学療法、言語療法などがある。また、交流方式とは、分離保育所と統合保育所等がお互いに協力し合って、ある決まった保育時間に共通の保育日課や場所を提供し合って交流を図るものである。特別支援学校の幼稚部や障害児通園施設に在籍している障害児が、ある一定の期間あるいは定期的に、地域の保育所や幼稚園等に通って統合した保育を受け、健常児と交流することなどを指す。通常は、幼稚部や福祉施設で分離保育としての指導や援助を受けながら、年間でいくつかの行事（運動会や発表会など）、あるいは毎週数回と計画された保育活動を通して、健常児との交流を図っていることが多い。

　子どもたちは、周囲の年長者のまねをしたり、友達から刺激を受けたりすることで発達が促進されるため、その意味で統合保育は、障害のある子どもの発達に有効な手法である。また、他の子どもとの交流を持つ

図表1　分離保育と統合保育のメリットとデメリット

	分離保育（セグリゲーション）	統合保育（インテグレーション）
メリット	・専門職員や障害児保育の経験者によって専門的に行われる。 ・施設、設備が整っているため、発達や障害の程度に応じた指導や援助ができる。 ・専門病院や関連施設との連携が比較的容易である。	・障害のある子どもとない子どもとが区別や差別されることなく共に生活し、保育できる。 ・障害のない子どもとの交流によって望ましい発達環境や影響が得られる。 ・子どもの生活経験の拡大とともに、保護者自身の生活経験も広がる。 ・近隣の園に通えるので、地域の中での園生活を円滑に送ることができる。
デメリット	・子どもたちどうしの遊びやコミュニケーションが不十分になりがちである。 ・施設数が少ないために近隣にあるとは限らず、通園が困難な場合がある。 ・障害児が保護や訓練の対象とみなされてしまうことがあり、地域社会において、障害のある子どもやその家族が孤立してしまう原因になる。	・専門的な知識や経験を持つ保育士の数が少なく、子どもの関わりが不十分になる場合がある。 ・子どもにとって適切な施設、設備、教材・教具などが整っていない可能性がある。 ・ある程度の集団保育、集団生活が可能である必要がある。

(筆者作成)

ことを通して、生活経験も広がることになる。加えて分離保育が遠隔地での保育になりがちなのに対して、基本的に近隣地域の園に通い、地域の中での園生活を送ることができるというメリットもある。

しかしながら、障害のある子どもの全てに統合保育が有効なわけではない。極めて個別性が高く、より個への配慮が必要となってくる場合には、統合保育はデメリットとなるかもしれない。保育者の障害に対する専門性が十分でない場合は、保育の場が混乱する可能性もある。また、集団生活に不適応を起こす子どもに、統合保育を実施することは難しい。そのため、統合保育で受け入れられるのは、通園と集団生活が可能な、比較的障害が軽度の子どもに限定されてしまい、障害が重度や重複した子どもが排除されてしまうことも考えられる。

なお今日では、分離保育から統合保育への移行がなされたり、分離保育と統合保育の並行通園や交流保育が進められたりしている。この形態は、子どもの発達をより促していく観点から今後さらに広がりを見せることも予想される。

第3節　インクルージョン

インクルージョン（inclusion）とは、包容、包括、包含、一体性などの語意を持ち、多様な人々が対等に関わり合いながら一体化している状態を意味する国際的な概念である。「統合（インテグレーション）」に代わって唱えられるようになった、障害を持つ人たちへの社会的対応の新しい理念である。インクルージョンは、人は一人ひとりがユニークな存在であり、違っていることがすばらしいことであるという基本理念に基づき、差別や区別をすることなく全ての人を包容（インクルージョン）して、地域の中で、通常の保育所や幼稚園等、小・中学校の中で一人ひ

とりのユニークさに対応できるように社会や学校を変革することを目指す、長い旅路の一過程である。ノーマライゼーションをさらに進めた考え方で、人間を人種、民族、宗教、性別、年齢、能力などの違いで区別せずに包含し、障害のある人々に対しても、日常生活における全ての教育、雇用、消費、余暇、地域、家庭活動などにおける機会を保障する考え方である。保育所や幼稚園等でも、障害児と健常児が共に育つ保育という意味で「インクルーシブ保育」といった用語も徐々に浸透しつつある。

　障害児保育におけるインクルーシブな考え方は、1994年のユネスコ会議でのサマランカ宣言で提唱され、2006年の国連総会において採択された障害者権利条約の中でも、インクルーシブ教育制度と、合理的な配慮の提供がうたわれている。このようにインクルージョンは、先進国のみならず途上国でも強力に推進されようとしている。2007年よりわが国で進められている特別支援教育も、基本的にはインクルージョン教育や保育を目指したものである。しかしながら、インクルージョンの概念で捉えられている完全統合した保育は、わが国ではまだ行われていないと言えよう。大阪や兵庫を中心とした関西圏では通常学級への障害児の在籍が広く行われており、インクルージョンの実現可能性を模索した先進事例とも言える。しかしながら、大阪市では特別支援学校の新設が決定されるなどインクルージョンについては不安要素も大きい［三好、2009］。

　近年、障害や能力のいかんを問わずに利用できる施設や製品、情報の設計（デザイン）が注目され、ユニバーサルデザイン（universal design）と呼ばれているが、やはり同じ発想が根底にある。今後は、障害のない子どもと障害のある子どもが共に生活していくインクルージョンを見通しながら、障害のある全ての子どもに豊かな保育が展開されることを期待したい。それとともに、発達的観点に立った教育的アプローチを通して、能力発達だけでなく障害児の自我発達を重視した教育や自律性を重視した子ども中心の教育が展開・発展されることを切に願っている。

【引用・参考文献】

石井正子「幼稚園・保育所の延長など管理職の統合保育に関する認識」『学苑・初等教育学科紀要』824、2009年、pp.62-78

伊藤健次編『新・障がいのある子どもの保育』みらい、2011年

上村逸子「通級指導教室における課題と展望」『大阪教育大学障害児教育研究紀要』35、2012年、pp.1-6

太田俊己「障害のある子どもへの今度の統合保育、特別支援保育を問う」『保育学研究』47（2）、日本保育学会、2010年、pp.229-230

北野絵美「広汎性発達障害を早期に疑われる幼児への発達支援に関する一考察（第2報）」『治療教育学研究（愛知教育大学）』30、2010年、pp.29-39

崔喜媛・西出和彦「統合保育環境における発達障害児と他者とのかかわり方に関する研究」『日本建築学会大会講演梗概集』2009年、pp.105-106

杉田穏子「『あきらくんニュース』を媒介とした統合保育における関係の輪の広がり」『保育学研究』48（2）、日本保育学会、2010年、pp.133-144

全国保育士養成協議会『保育士養成課程シラバス第1次案——平成13年度厚生労働省児童環境づくり等調査事業』全国保育士養成協議会現代保育研究所、2001年

寺山千代子・中根晃『親・教師・保育者のための遅れのある幼児の子育て』教育出版、2007年

七木田敦『キーワードで学ぶ障害児保育入門』保育出版社、2008年

日本LD学会編『LD・ADHD等関連用語集〔第3版〕』日本文化科学社、2011年

三好正彦「特別支援教育とインクルーシブ教育の接点の探求」『人間・環境学』18、2009年、pp.27-37

守屋國光『発達教育論——自我発達と教育的支援』風間書房、2004年

若井淳二・水野薫・酒井幸子『障害児保育テキスト』教育出版、2009年

渡部信一・本郷一夫・無藤隆編『障害児保育』北大路書房、2009年

第3章
障害児保育の現状と課題

原子はるみ

第1節　障害児保育の現状

わが国で行われている就学前の障害のある子どものための保育・教育機関にはどのようなものがあるのだろうか。また、障害のある乳幼児はどこで、どのような保育・教育を受けているのだろうか。**図表1**には、在宅の就学前の子どもの実態を示した。障害により違いはあるものの、自宅、通所施設、保育所、幼稚園、幼稚部と保育・教育の場は多様である。また、保育所における障害児の受け入れ総数は、発達障害児も含めると、2008年度は3万9557人となっており、増加傾向にある。

保育所や幼稚園が障害児を受け入れるようになったのは、1970年代になってからである。その後、障害児の受け入れに当たり、補助金や加配

図表1　障害児の日中活動の場の状況

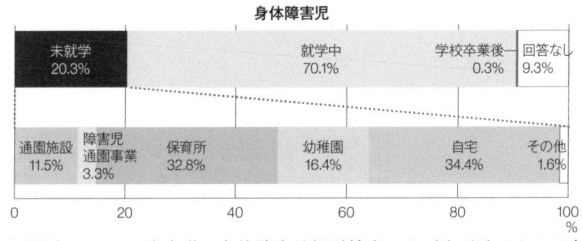

身体障害児

| 未就学 20.3% | 就学中 70.1% | 学校卒業後 0.3% | 回答なし 9.3% |

| 通園施設 11.5% | 障害児通園事業 3.3% | 保育所 32.8% | 幼稚園 16.4% | 自宅 34.4% | その他 1.6% |

(注)「身体障害児」とは、18歳未満で身体障害手帳所持者および未所持であるが身体障害者福祉法別表に掲げる障害を有する者。

出典：[厚生労働省、2008]を基に作成

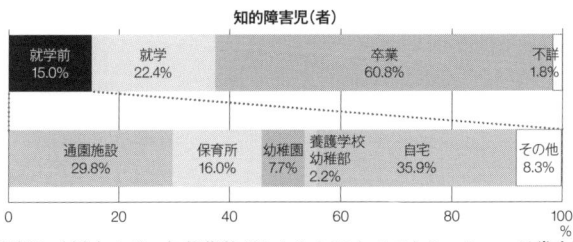

知的障害児（者）

| 就学前 15.0% | 就学 22.4% | 卒業 60.8% | 不詳 1.8% |

| 通園施設 29.8% | 保育所 16.0% | 幼稚園 7.7% | 養護学校幼稚部 2.2% | 自宅 35.9% | その他 8.3% |

(注)「知的障害児（者）」とは、知能指数がおおむね70までであり、かつ、日常生活上、特別の援助を必要とする状態にある者。

出典：[厚生労働省、2007]を基に作成

図表2　障害のある幼児の保育・教育機関

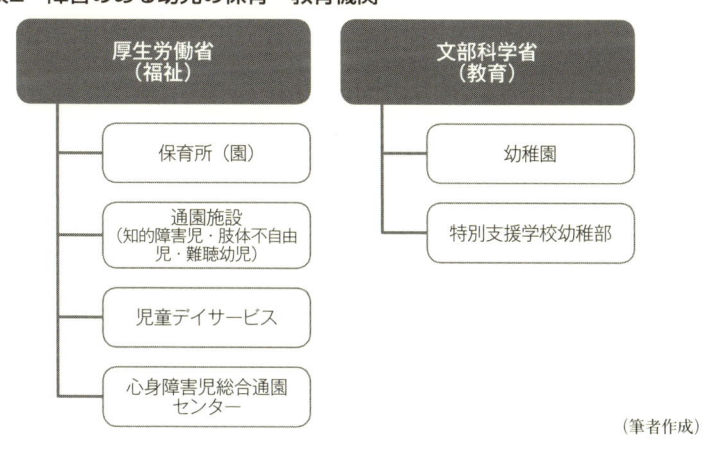

```
厚生労働省（福祉）
├─ 保育所（園）
├─ 通園施設（知的障害児・肢体不自由児・難聴幼児）
├─ 児童デイサービス
└─ 心身障害児総合通園センター

文部科学省（教育）
├─ 幼稚園
└─ 特別支援学校幼稚部
```

（筆者作成）

保育者などの制度ができ、さらに2008年には幼稚園教育要領や保育所保育指針に障害児の保育・教育について明記され、障害児保育が保障されるようになり、受け入れ園数や園児数は増えている。

障害のある乳幼児を受け入れている機関は、厚生労働省管轄の施設と文部科学省管轄の施設に大きく分けられる（**図表2**）。それぞれの施設について状況を説明していくことにする。

第2節　厚生労働省管轄の施設

1. 保育所

保育所における障害児の受け入れは、1974年に策定された「障害児保育事業実施要綱」により制度化された。創設時は全国で18カ所であった。その後、**図表3**のように着々と伸び、2008年には7260カ所、前年比140カ所の増加である。同年の全国保育協議会の実態調査においても、保育

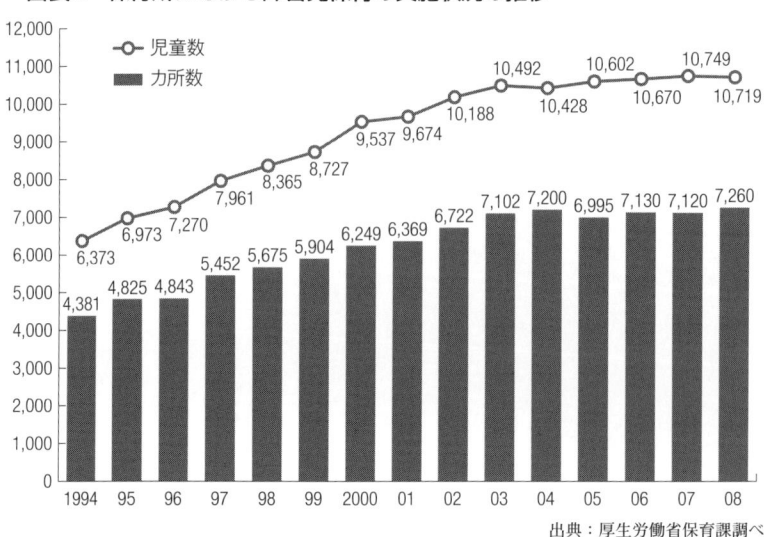

図表3　保育所における障害児保育の実施状況の推移

年	カ所数	児童数
1994	4,381	6,373
95	4,825	6,973
96	4,843	7,270
97	5,452	7,961
98	5,675	8,365
99	5,904	8,727
2000	6,249	9,537
01	6,369	9,674
02	6,722	10,188
03	7,102	10,492
04	7,200	10,428
05	6,995	10,602
06	7,130	10,670
07	7,120	10,749
08	7,260	10,719

出典：厚生労働省保育課調べ

所の68%で障害児を受け入れていることが分かった。

　保育所の対象は、障害のある幼児のうち集団保育が可能で、日々通所できる者や、保育に欠ける者となっている。保育に当たっては障害児の特性などに十分配慮し、統合保育（第2章参照）を通して基本的な生活習慣や遊び、言葉や運動などの指導から、望ましい未来の力をつくり出す基礎を培うことを目的としている。

　保育所保育指針（2008年告示）では、障害のある子どもの保育について以下のように記している。

（ア）障害のある子どもの保育については、一人一人の子どもの発達過程や障害の状態を把握し、適切な環境の下で、障害のある子どもが他の子どもとの生活を通して共に成長できるよう、指導計画の中に位置付けること。また、子どもの状況に応じた保育を実施する観点から、家庭や関係機関と連携した支援のための計画を個別に作成するなど適切な対応を図ること。

(イ) 保育の展開に当たっては、その子どもの発達の状況や日々の状態によっては、指導計画にとらわれず、柔軟に保育したり、職員の連携体制の中で個別の関わりが十分行えるようにすること。
(ウ) 家庭との連携を密にし、保護者との相互理解を図りながら、適切に対応すること。
(エ) 専門機関との連携を図り、必要に応じて助言等を得ること。
　　　　　　　　　　　　　　　　　　　　　　　　　(第4章1 (3) ウ)
(4) 子どもに障害や発達上の課題が見られる場合には、市長村や関係機関と連携及び協力を図りつつ、保護者に対する個別の支援を行うよう努めること。
　　　　　　　　　　　　　　　　　　　　　　　　　(第6章2)

　1998年からは、入所のシステムが変わったことにより、措置入所していたものから選択方式になり、利用者の希望で保育所を選択することができるようになった。

2. 通園施設

　児童福祉法に基づく通園施設には知的障害児通園施設、肢体不自由児通園施設、難聴幼児通園施設の3つがあり、就学前の幼児を対象とした地域の早期療育機関として位置づけられている。保育所や幼稚園に通いながらの通園や母子通園、一人通園などを組み合わせていることが多い。
　それぞれ専門職による治療や訓練が行われている。専門職としては、指導員、保育士、言語聴覚士 (ST)、作業療法士 (OT)、理学療法士 (PT)、看護師、医師などがおり、チームワークを組んで指導・訓練に当たる。
　①知的障害児通園施設
　知的障害がある幼児を対象として、日々保護者の元から通わせて保護するとともに、生活指導、遊び、感覚訓練、運動機能訓練などを通して独立自活に必要な知識・技能を与えることを目的としている。

②肢体不自由児通園施設

上肢、下肢または体幹の機能障害のある幼児を対象として治療するとともに、独立自活に必要な知識技能を母子通園を通して行うことを目的としている。

③難聴幼児通園施設

難聴の幼児を対象とし、早期に聴力および言語能力の訓練を実施し、残存機能の開発と障害の除去を行う。家庭で一貫した適切な指導ができるように母子通園を原則としており、訓練や療育技術を指導することを目的としている。

3．児童デイサービス

障害者自立支援法による障害のある子どもの福祉サービス事業である。身体障害児または知的障害児を施設に通園させて、日常生活における基本動作の指導・訓練や集団生活への適応訓練やソーシャルスキルの獲得に向けた指導・訓練を専門のスタッフとともに行い、発達を促し就学につなぐことを目的としている。

4．心身障害児総合通園センター

心身障害児総合通園センターは、障害児施策の一環として複数の児童福祉施設を合体させ、早期発見・早期療育体制のいっそうの充実を目指し、1979年に始められた。

その内容は、心身障害児の早期発見と早期療育体制を総合的に進めていくため、肢体不自由児通園施設、知的障害児通園施設および難聴幼児通園施設のうち2種類以上を設置するとともに、相談・指導・診断・検査・判定等を行い、障害に応じた療育訓練等を円滑に行うものである。これは、障害のある人も家庭や地域で通常の生活ができるようにする社会づくり（ノーマライゼーション）の理念の下、生活している身近なところで福祉サービスを利用しようという考えが、大きな流れとなってい

る。設置主体は、都道府県、政令指定都市、中核市または人口20万人以上の都市であり、2008年現在では27カ所となっている。

なお、2010年、児童福祉法の改正により、障害種別の区分をなくし、障害の特性に応じた対応ができるように通所支援・児童デイサービスは「児童発達支援事業（センター）」に一元化されることになった。この中には新設される「保育所等訪問支援事業」など、集団生活への適応のための専門的な支援も含まれることになっている。

第3節　文部科学省管轄の施設

1. 幼稚園

幼稚園の入園は満3歳児からであり、保育時間が4時間程度と決められている。このような中で障害児は統合保育として行われている。受け入れについては、1974年に「私立特殊教育補助」として私立幼稚園で障害のある子どもを受け入れている園に補助金が出されるようになり、徐々に進められてきたと言える。

2008年に改訂された幼稚園教育要領（第3章第1-2）に特に留意する事項として、障害のある幼児の指導について以下のように記している。

(2) 障害のある幼児の指導に当たっては、集団の中で生活することを通して全体的な発達を促していくことに配慮し、特別支援学校などの助言又は援助を活用しつつ、例えば指導についての計画又は家庭や医療、福祉などの業務を行う関係機関と連携した支援のための計画を個別に作成することなどにより、個々の幼児の障害の状態などに応じた指導内容や指導方法の工夫を計画的、組織的に行うこと。

(3) 幼児の社会性や豊かな人間性をはぐくむため、地域や幼稚園の実態等により、特別支援学校などの障害のある幼児との活動を共にする機会を積極的に設けるよう配慮すること。

　近年は、「気になる」子どもと言われる発達障害等の子どもや配慮児が通常のクラスに在籍していることが多いと言われている。2002年の文部科学省の全国実態調査（「通常の学級に在籍する特別な教育的支援を必要とする児童生徒に関する全国調査」）では、小・中学校の通常学級で6.3%の割合で在籍していると報告されている。幼稚園においてもその傾向は当てはまるものと考えられる。

　また、2007年に学校教育法の改正により、特別支援教育の制度が導入され、小・中学校に特別支援コーディネーターを設置することになった。近年は幼稚園でも導入されているが、機能的には課題も多く見られる。

2. 特別支援学校幼稚部

　学校教育という場では、1947年の学校教育法を受けて幼稚部が設置されたが、特殊教育から特別支援教育へと移行する中でさまざまな変化が見られた。盲・ろう学校の幼稚部は設置が早かったが、知的障害では思うように進まなかった。現在は発達障害の子どもの増加により、各種の障害にかかわらず、障害種を加味しながらも一人ひとりに適切な指導・援助を行う特別支援教育に変わった。

　特別支援学校幼稚部の対象は幼稚園同様に満3歳から就学前の幼児である。幼稚園教育要領に準じた教育と、障害の軽減・克服のための訓練などが行われている。

　幼稚部には、視覚特別支援学校幼稚部、聴覚特別支援学校幼稚部、知的障害特別支援学校幼稚部、肢体不自由特別支援学校幼稚部、病弱特別支援学校幼稚部などがある。現在は障害の重複している子どもの在籍も多い。**図表4**に学級数と在籍者数を示したが、重複児については、各障

図表4　特別支援学校幼稚部の障害種別学級数と在籍者数

	視覚障害	聴覚障害	知的障害	肢体不自由	病弱・身体虚弱	総計
学級数	107	372	87	68	13	518
在籍数（人）	246	1,189	222	177	30	1,543

出典：［文部科学省、2012］を基に作成

害にカウントしている。

　支援については、一人ひとりのニーズを把握し、「個別の教育支援計画」の作成や適切な対応、そして一貫性、連続性のある支援をすることが「今後の特別支援教育の在り方について（最終報告）」（2003年）に示されている。

①視覚特別支援学校幼稚部

　感覚訓練、歩行訓練、言葉の指導、日常生活習慣指導、体験、遊びなどが行われる。視覚に障害のある子どもの場合、人や物への関わりが消極的になりがちである。聴覚や触覚などの感覚器官を活用して情報を取り込むことによって、好奇心に結びつけたり、不安感を取り除いたりすることが大切である。友達との関わりや遊ぶことの楽しさを教え、情緒の安定を図っている。

②聴覚特別支援学校幼稚部

　残存聴力を生かすための訓練が行われている。言葉を用いて人との関わりを深めることやコミュニケーションを円滑にするための総合的な言語指導や概念指導が個別指導やグループでなされる。保護者支援のための教育相談も行われている。

③知的障害特別支援学校幼稚部

　遊びを中心とした総合的な活動の中で、基本的な生活習慣の形成、集団生活への参加、言葉の理解や言葉を増やす指導を行っている。一人ひとりのニーズを捉え、個別の教育支援計画を策定している。

④肢体不自由特別支援学校幼稚部

　幼児の身体の動きや健康の状態等に応じ、可能な限り体験的な活動を通して経験を広めるようにしている。基本的な生活習慣の指導、二次的な障害を防ぐための指導、運動機能の改善を図りながら、身辺の自立を促す指導を行っている。

⑤病弱特別支援学校幼稚部

　病気の状態等を十分に考慮し、負担過重にならない範囲で、さまざまな活動が展開できるようにすること。また、健康状態の維持・改善に必要な生活習慣を身につけることを留意事項として指導に当たっている。家庭や医療機関との連携を図ることが必要である。

第4節　障害児保育の課題

　障害のある子どもは、さまざまな機関で保育・教育を受けている。保育所や幼稚園では健常児の中でいっしょに保育する形態、また、通園施設や児童デイサービス、心身障害児総合通園センターは障害児のみの療育を主体とした保育が行われている。

　文部科学省は、「発達障害早期総合支援モデル事業」(2008年)を開始し、教育機関と関係機関との連携の下で、幼稚園や保育所における障害の早期発見の方法の開発や、発達障害のある幼児および保護者に対する相談、指導、助言等の早期支援を行うことを提言した。

　佐伯文昭は幼稚園調査において「気になる」子ども、あるいは配慮を必要とする子どもに気づくのは、保護者より保育者のほうが多かったと述べている。また、保育に伴うこととして、保護者指導や支援が重要であることを挙げている［佐伯、2009］。保育者の障害児に対する早期発見や支援、個別の指導計画の作成、保護者からの相談等には専門的な知識

が要求される。さらに、子どもとの関わり方等において特別支援教育コーディネーターを機能させることも必要である。

障害児の受け入れについては、保育所、幼稚園全体で組織的に計画を立てて支援することが重要である。支援については、一貫性と連続性を要し、幼児期のみならず、長期的な発達を見据えた指導をすることが大切である。

他機関との連携では、児童発達支援センター等の療育機関による訪問、巡回支援事業の実施により、幼稚園、保育所との並行利用が充実し、保護者や保育者への相談支援の体制を作ることが可能になるだろう。

また、**図表5**には就学前の在宅障害児が利用する福祉サービスの推移を示した。通園3施設の合計と障害児保育の児童数の差が徐々に縮まっている。また、児童デイサービスの伸びが著しく、利用実人数は2008年は3万6919人、2010年は5万4012人と急増している。身近な地域でサービスを利用するニーズが大きくなっていると考えられる。

2008年度障害者保健福祉事業「地域における障害児の重層的支援システムの構築と障害児通園施設の在り方に関する研究」では、通園施設等

図表5　就学前の在宅障害児が利用する福祉サービス

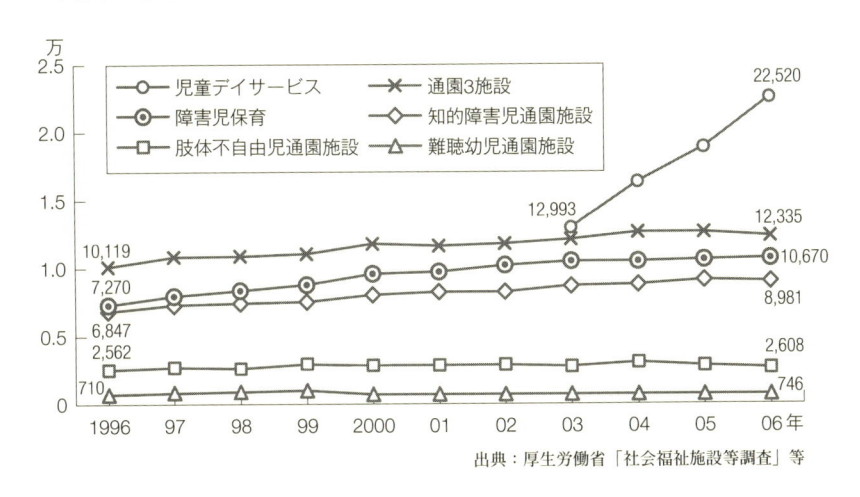

出典：厚生労働省「社会福祉施設等調査」等

の一元化として児童発達支援センターの支援機能の拡大が打ち出された。今後は地域の中核的な療育機関としての役割はもちろんのこと、地域の保育所（園）、幼稚園等の種々の機関など地域全体を支援するシステムとして、専門機能を積極的に展開していくことが期待される。

　障害児保育の現状を述べてきたが、障害児の「障害」の部分だけが先行してしまうことは避けたい。「障害児」である前に「子ども」であることを忘れてはいけない。「子どもの権利条約」や種々の条文に明記されているように、障害児も「子ども」として育成される権利を保障されたうえで「障害」といわれる部分への支援やサービスが提供されるのである。

【引用・参考文献】

　厚生労働省「平成17年知的障害児（者）基礎調査」2007年1月

　厚生労働省「平成18年身体障害児・者実態調査」2008年3月

　厚生労働省子ども・子育て新システム検討会議作業グループ基本制度ワーキングチーム「障害児に対する支援について──平成22年12月15日第7回基本制度ワーキングチーム説明資料」2010年12月

　佐伯文昭「幼稚園における個別的配慮を要する幼児への支援」『関西福祉大学社会福祉学部研究紀要』第12号、2009年、pp.127-136

　竹内まり子「特別支援教育をめぐる近年の動向」『調査と情報』第684号、国会図書館、2010年、pp.1-12

　文部科学省「平成23年度学校基本調査」2012年2月

第4章
わが国の障害児保育の歴史

榊原　剛

第1節　障害児保育と内なる優生思想

1．障害児殺しと優生学

　一説によれば、わが国の歴史において初めて障害児が登場するのは『古事記』であるといわれている。イザナギノミコトとイザナミノミコトの間に最初に生まれた神であるヒルコは、身体はぐにゃぐにゃでしゃべることも歩くこともできず、葦舟に入れられて海に流され捨てられたという。この「ヒルコ伝説」は、しばしば障害児殺しのたとえ話としても使われるが、人類の歴史において障害児殺しは、堕胎や子殺し・子捨てと同様に、しごく当然のこととして古くから行われていた。

　わが国において堕胎や子殺し・子捨てが問題視されるようになったのは、生産力が向上し、一定の労働力の確保が必要となった江戸時代中期以後のことである。近代に入ると、一般的な子殺し・子捨てはタブーとなるが、相反するように障害児殺しは「正当化」されていく。その根拠を与える役割を果たしたのが、優生思想から形成された優生学である。

　優生学には、優秀な遺伝を推進する積極的優生学（遺伝的に優性な人間が子孫を残すことを奨励する）と、劣悪な遺伝を防止する消極的優生学（遺伝的に劣性を帯びた人間が子孫を残すことを防ぐ）があるが、人類史上最も忌まわしい出来事の一つである、ナチス・ドイツが引き起こしたユダヤ人の大量虐殺を正当化させた断種法に代表されるように、政策面においては主に消極的優生学が影響を与えた。わが国においても、遺伝的疾患を持つ人に限って優生手術（不妊手術）を行うことを認めた国民優生法が1940年に成立している。この国民優生法は、太平洋戦争へと向かい「産めよ殖やせよ」の時代であったわが国においては、人口減少を防ぐ（一般の中絶を取り締まる）ためのものでもあったが、障害者の断種を

容認する考え方にもつながっていった。戦後、この国民優生法を基に、「優生上の見地から不良な子孫の出生を防止するとともに、母性の生命健康を保護することを目的とする」(第1条)優生保護法が成立した。優生思想具体化の合法化と母体保護を意図したこの優生保護法は、成立後数次の改正を経て、1996年に「不妊手術及び人工妊娠中絶に関する事項を定めること等により、母性の生命健康を保護することを目的とする」(第1条)母体保護法となり、今日に至っている。

2. わが子を選ばない決心

　現在の母体保護法はその第14条において、医師の認定によって人工妊娠中絶を行うことができるとしている。なお、同法第2条第2項において「人工妊娠中絶とは、胎児が、母体外において、生命を保続することのできない時期に、人工的に、胎児及びその附属物を母体外に排出することをいう」と規定されている。この「胎児が、母体外において、生命を保続することのできない時期」、すなわち胎児が生存の可能性がない時期の判断は、医師によって個々の事例について行われるものであるが、現在は「通常満22週未満」とされている。

　2007年9月2日付け朝日新聞の「家族」という特集記事に、「おなかの子選別しない」と題する記事が掲載された。

　妊娠4カ月の母親が、超音波検査の写真で分かった胎児の首の後ろのむくみから、医師にダウン症の可能性を示唆される。羊水検査(腹部に針を刺し、羊水を採取して調べる検査方法。胎児の染色体異常の有無や種類を確認できる。検査に伴う破水や出血、感染による流産や死産の危険が約0.5％ある)をすれば分かると医師から説明され、夫婦は「事前に分かれば心の準備ができる」と検査を受けることにする。

　　だが、医師の「検査で異常が分かったら、産むのをあきらめる人が多いですよ」との言葉が耳に残り、絹枝(母)の心は揺れた。　障害者への偏見

なんてない。中絶はしない。でも、障害のある子を本当に受け止めることができる？　晏杜(はると)(長男)に影響はない？　和広(父)も悩んだ。「教師でもある自分の生き方として、命の選別などできない」と妻には言った。だが、頭ではそう分かっていても、実際にどんな生活になるのか想像もつかない。

羊水検査の結果、「21番染色体が1本多い。ダウン症です。(中絶できる)妊娠22週までに、夫婦でよく話し合ってください」と医師に告げられたときから、夫婦を激しい葛藤が襲う。そこには、「中絶という選択はない」と自分たちに言い聞かせる夫婦と、「あきらめなさい」「世間の人は、産むという決断をすばらしいというでしょう。でも身内は違う。実際に抱えなくてはならないんだから」と中絶を勧める夫婦の母親たちがいた。その後、さらに胎児水腫(胸や腹に水分がたまり、死産の可能性が高い)だと診断され、「ダウン症だからでなく、助からないのだから中絶しよう。もう十分悩んだ。赤ん坊も分かってくれる」と一度は夫婦も中絶を選択する。しかし、「生まれてくる可能性がわずかでもあるのなら、その芽を摘んじゃいけない」と、けっきょく夫婦は申し出た中絶を断り、男の子だと分かっていたお腹の子を「そらと」と名付ける。

けっきょく「そらと」は死産という悲しい結末となる。夫婦は「そらと」の出産を「悲しいが、不幸な経験ではない」と思うように努め、「命について真剣に考え、自分たちの弱さを知ることができた」と捉えている。

3. 障害児殺しは古くて新しい問題

本来、母体保護法においては、中絶が可能な条件に「胎児の異常」は認めていない。だが「母体の健康を害する恐れがある」との中絶を認める条件に当たると拡大解釈されているのが実情である。

「国連障害者の10年(1983〜1992)」と、それに続いて国連アジア太平

洋社会経済委員会（UNESCAP）において採択された「アジア太平洋障害者の10年（1993～2002）」（この「10年」は、わが国の主唱によりさらに10年延長された）、こうした国際的な取り組みも背景としながら、わが国においても2011年の障害者基本法の改正、政府に設置された「障がい者制度改革推進本部」と、障害のある人の参画を得て開催される「障がい者制度改革推進会議」の開催など、障害児・者をめぐる話題は最近ますます増えている。そうして今日、社会は昔とは比べものにならないほど障害児者に優しくなった。しかしその一方で、障害を持って生まれた子どもの将来を悲観してわが子をあやめる事件は後を絶たない。

　障害児殺しは古くて新しい問題である。おなかの子に障害があることが分かったときに妊娠継続か人工妊娠中絶のどちらを選択するかという議論が成立するその根底には、障害を持って生まれることそのものを否定する考え方や、障害を社会が受け入れることを拒否している実情が隠れている。障害を持って生まれてきた子が「生まれてきて良かった」と真に思える社会にするために、障害児保育に携わる専門職をはじめとする多くの人々が、その内なる優生思想と向き合いながら、障害児者の問題を自分自身の問題として突き合わせていくことが、今後も求められていくだろう。

第2節　障害児保育の歴史的変遷

1. 障害児保育の先駆け

　わが国の障害児保育に関する施策が本格的に展開されたのは戦後のことであり、戦前までは欧米先進諸国のそれと比べると大きく立ち遅れていた。ただし、障害児はいつの時代も存在していたはずであり、江戸時

代の寺子屋では障害児を受け入れていたという記録も残っている。しかし、多くの障害者が差別や隔離の対象となってきたように、障害児もまた遺棄・放置の対象となってきたことも事実である。障害児保育が本格的に展開するまでは、人目を避けて家庭の中でひっそりと生きていたか、限られた篤志家による孤児院などで保護されていた。

戦前に行われていた障害児保育に関する活動としては、1916年に京都市立盲啞院の聾啞部に設置された幼稚科での教育、1926年に京都盲啞保護院内に設置された京都聾口話幼稚園での聾児への教育、1928年に東京聾啞学校に設置された予科（幼稚園）での保育がある。

視覚・聴覚・言語障害のある幼児に行われてきた保育活動に比べて、知的障害のある幼児や、肢体不自由のある幼児への保育活動はなかなか行われてこなかった。知的障害児への保育活動としては、1938年に設立された、恩賜財団愛育会愛育研究所第二研究室（異常児保育研究室）で行われた三木安正らの活動がその先駆けであるが、この活動も、わずか13名の知的障害児を対象にしていたにすぎなかった。肢体不自由児への保育活動に関しては、1967年以降の肢体不自由学校の幼稚部設置を待たなければならない。

2．障害児保育の萌芽

戦後、新憲法の下に、法的規範としての児童福祉法や道義的規範としての児童憲章が制定されたことによって、子どもの権利は社会的関心を寄せられる対象にはなったが、障害児保育に関する公的な施策は、なかなか展開されなかった。そうした中で、先駆的な教育者による実践が、各地で散発的に起こり始めた。東京では、戦争により閉鎖されていた愛育研究所特別保育室（旧異常児保育研究室）が1949年に再開され、津守真を中心に、戦前の実践を踏まえた集団活動と基本的生活習慣の形成を重点とした保育活動が展開された。また、1955年には、京都の白川学園に併設された鷹ヶ峰保育園に、30名定員の特殊保育部が設置された。

1947年に公布された学校教育法においては、盲学校、聾学校、養護学校のそれぞれに幼稚部を置くことができるとされていたが、実際には、愛育研究所特別保育室から発展した、幼稚部と小学部から成る私立愛育養護学校が、1955年に設立されたことがその始まりである。国公立の養護学校に初めて幼稚部が設置されたのは、1963年、東京教育大学附属大塚養護学校においてであった。養護学校における幼児の受け入れは、遅々として進まなかったのである。

　1955年頃からの高度経済成長下にあって、働く婦人の増加や核家族化の進展といった時代的要求を背景に、わが国の保育施設の設置は急速に進められていったが、とうていその需要に応じられるだけの状況にはなかった。保育施設への入所のかなわない幼児がおおぜいいる中で、障害児については保育の対象外とされていたのが実状であった。1957年には、精神薄弱児通園施設が新設されたが、そこには満6歳以上という制限があり、就学免除や就学猶予をされた児童が対象であった。この満6歳以上という規定の廃止は、1974年まで待たなければならず、障害児の圧倒的多数は、在宅生活を余儀なくされていたのである。

3. 障害児保育の発展

　1964年、中央児童福祉審議会保育制度特別部会はその中間報告において、いわゆる「保育に欠ける状況」の定義を見直し、「心身に障害のある子どもも含めるように」との提言をした。また、翌年の第二次中間報告においては、心身に障害のある幼児を在宅による保育にのみ委ねることは問題であり、専門家による支援体制の整備や専門機関・施設の整備が必要であること、また、軽度の心身障害児のためには、治療的な指導を行うことのできる特別保育所の設置を検討する必要があること等が確認された。

　1960年代後半から1970年代にかけては、障害児の教育権保障運動が全国的な展開を見せていく時期である。1967年には全国障害者問題研究会

が発足し、1969年には全国民間保育団体合同研究集会が結成された。この教育権保障運動とも連動して、一部の幼稚園や保育所で障害児を受け入れるケースも見られ始め、こうした動きが、1970年代以降の障害児保育の制度化に向けた原動力になっていったのである。

1969年には、以降5年計画で全聾学校に幼稚部を設置すること、盲学校および養護学校には、都道府県の半数に幼稚部を設置することが決まった。また、同年3月の特殊教育総合研究調査協力者会議による「特殊教育の基本的な施策のあり方について」の中では、幼稚部では保護者が幼児とともに早期から指導を受けられるようにすること、盲学校、聾学校、養護学校と地域の幼稚園が協力して心身障害児を入園させるとともに、教員による巡回指導が行えるようにすること等が報告された。

1972年には、厚生省が中央児童福祉審議会保育制度特別部会の意見具申を受けて、「心身障害児通園事業実施要綱」を通知した。これは、知的障害児通園施設や肢体不自由児通園施設を利用することが困難な地域の障害児のために、市町村が利用定員20名、専任職員3名以上、および嘱託医師1名規模の通園施設（いわゆる小規模通園施設）を設置し、在宅の障害児の指導に当たることを通達するものである。この通知を受けて、1974年には、基準の通園事業所が50カ所となった。

4．障害児保育の充実

1973年の中央児童福祉審議会の中間答申「当面推進すべき児童福祉対策について」では、「障害の種類と程度によっては障害児を一般の児童から隔絶することなく社会の一員として、むしろ一般の児童とともに保育することによって障害児自身の発達が促進される面が多く、また一般の児童も障害児と接触する中で、障害児に対する理解を深めることによって人間として成長する可能性を増」すとし、行政による統合保育の必要性を提起した。その背景には、わが子にも適切な保育を受けさせたいと願う各地の障害児の「親の会」による熱心な活動があったこと、ま

た、そうした親の願いに応えるべく、障害児を受け入れる幼稚園や保育所が現れ始めたこと等があり、そうした動きに行政側が感化されたというべきだろう。この1973年は「保育元年」と呼ばれ、障害児保育の制度化という面における画期的な年であった。

　厚生省は上記答申を踏まえて、1974年に「障害児保育事業実施要綱」を定め、保育所で行う障害児保育に対する助成・予算化に踏み切り、事実上の統合保育を制度化した。同要綱によれば、定員おおむね90名以上の保育所で、おおむね4歳以上の軽度の障害児を定員の1割程度受け入れた場合、保母2名の配置と3分の1以内の経費補助を行うとされた。これは「指定保育所方式」と呼ばれるもので、各都道府県でほぼ1カ所の保育所が指定された。また同年には、「私立学校特殊教育費補助」として、障害児を一定数以上継続的に受け入れている私立幼稚園に対しても公費補助が始められた。

　その後1978年には、障害児と健常児の集団保育が可能な範囲で、集団保育と日々の通所が可能な、障害の程度が中度までの障害児を一般保育所で受け入れた場合についても公費補助がなされることになった。それまでの指定保育所方式に代わって、一般保育所方式による人数加算の公費補助へと一定の改善がなされたのである。

5. 障害児保育の多様化

　1970年代後半頃から、障害児への施策は非常に多様化してくる。1977年には、子どもの行動発達・認知発達の遅れや、視力・聴力の障害などを早期に発見し、早期に対応していくことの必要性が説かれ、母子保健対策の追加的・部分的拡充として、先天性代謝異常の早期発見・早期治療につながるスクリーニング検査の全国実施が始まり、1歳半健康診査も制度化された。1979年には、上記の早期発見・早期療育体制を総合的に整備するための地域における中心的な療育機関として、心身障害児総合通園センターの整備が図られることになった。心身障害児総合通園セ

ンターは、相談・指導・診断・検査・判定などの機能と、肢体不自由児通園施設、知的障害児通園施設、および難聴幼児通園施設を総合したものであり、設置主体は都道府県、指定都市、中核市、またはおおむね人口30万人以上の市とされた。また、ボバース法やボイタ法といったリハビリテーション手法の全国的な普及が始まったのもこの頃であり、障害児医療の技術革新と結びついた療育実践が展開されていったのである。

　なお、1979年は、全障害児に義務教育が施行された年でもある。盲学校・聾学校に比べて立ち遅れていた養護学校に対する国の施策も少しずつ進展を見せ始めてその数も増え、精神薄弱、肢体不自由、病弱の3種別の養護学校が設置されることとなった。こうした受け入れ環境が整ったことによって、これまで就学猶予・就学免除の対象とされてきた障害児の保護者に対しても、就学義務が課されることになった。1872年に義務教育制が成立したときから107年遅れて、全ての障害児の教育権が保障されたのである。

第3節　障害児保育の現代的な展開

1. 障害児保育の再編

　1995年の総理府障害者対策推進本部による「障害者プラン〜ノーマライゼーション7か年戦略（1996〜2002）」における地域療育支援事業の構想は、わが国が障害者施策を今後どのように進めようとしているのかを示しており、たいへん重要な意義を持っている。具体的には、①各都道府県域において、療育に関する専門的指導などを行うことのできる、障害児療育の拠点となる施設の機能の充実を図るとともに、市町村が行う心身障害児通園事業などの地域療育に対し、障害児通園施設などが指

導・支援する事業を、おおむね人口30万人当たりおおむね2カ所ずつを目標として実施すること、②障害児通園施設の見直しを図り、障害の種別にとらわれない利用を図ること、③在宅の障害児が身近な場所に通うことができるよう、保育所などを活用した小規模の心身障害児通園事業および重症心身障害児のための通園事業を約1300カ所を目標として計画期間内に整備すること、の3点が示された。

　これを受け、障害児に対するさまざまな支援事業が展開されてきた。通園施設としては、1996年から、保育所や幼稚園への巡回相談のための補助事業として、「障害児地域療育等支援事業」が始まり、在宅の障害児に対する総合的な支援が行われている。また、同年、学齢期前の重症心身障害児や養護学校を卒業した在宅の重症心身障害児に対して、リハビリテーションや療育、あるいは日中の活動の場を提供する「重症心身障害児通園事業」もスタートした。1998年からは、障害児が暮らす地域の身近な所にある施設の利用機会の拡大を図る観点から、知的障害児通園施設、肢体不自由児通園施設、難聴幼児通園施設の相互利用制度がスタートした。また、同年には、保育所の措置制度廃止によって、従来、二重措置として認められなかった保育所と通園施設の同時利用も認められるようになった。

2. 保育所における障害児保育の展開

　保育所における障害児保育事業は、2002年度までは国の特別保育事業として補助金による運営がなされていたが、2003年度には障害児保育事業の国庫補助金は廃止され、地方交付税および地方特別交付金による一般財源化措置がなされた。同様に、「障害児地域療育等支援事業」も一般財源化され、都道府県あるいは市町村の事業となった。このことは、障害児保育が市町村の裁量と責任で行う事業として位置づけられたことを意味する一方、補助金という後ろ盾がなくなったことで、市町村の負担増と、財政難の市町村では事業の実施が困難になる危険性をはらむこ

とにもなった。

　また、障害児に対する医療・福祉サービスは、障害者自立支援法によって2006年度から劇的に変化した。年齢や障害の種別に応じて提供されていたサービスが一本化されるほか、所得に応じて費用負担をする「応能負担」から、サービスの利用量に応じて原則1割負担となる「応益負担」への転換は、児童デイサービス事業や障害児通園施設の利用料増といった、本人や家族の経済的負担に拍車をかけることとなった。また、障害児通園施設については、2006年度からの利用契約制度への移行によって個別給付が行われることとなった。個別給付では、1日ごとの利用実績によって施設の収入が決定するため、子どもの体調不良などによる欠席が施設の収入減につながり、施設運営の不安定化を招いている。このことは、結果的に事業の質自体に悪影響を及ぼすのではないかと危惧されている。

【引用・参考文献】

玉井邦夫『瞬間をかさねて——「障害児」のいる暮らし』ひとなる書房、1994年

豊島律『ノーマライゼーション時代の障害児保育——日本における系譜と展開』川島書店、1998年

中田洋二郎『発達障害と家族支援——家族にとっての障害とはなにか』学習研究社、2009年

花田春兆編著『日本文学のなかの障害者像——近・現代編』明石書店、2002年

第5章

肢体不自由児、視覚・聴覚障害児の理解と援助

今野　正良

第1節　肢体不自由児の理解と援助

1．肢体不自由とは

　上肢や下肢、体幹の機能に永続的な障害があり、運動や動作に不自由がある状態を指す。主な種類には、脳性まひ・脊髄の損傷による運動障害（二分脊椎など）、筋ジストロフィー、先天性四肢障害などがある。肢体不自由の多くを占める脳性まひは、生後4週までに生じた脳の非進行性病変に基づく永続的な運動障害であって、改善し得るものをいう。

　姿勢を保持したり変化させること、自力移動、手指や腕の使い方、口唇や舌が滑らかに動かない場合の食事や発語、などに困難が生じやすい。

2．肢体不自由児の理解

(1) 発達上の課題

　肢体不自由がある子どもは、自分で姿勢の変化や移動をすることが困難なために、他者に介助されて育てられる。立位の難しい幼児が、何の意思確認も受けないまま大人に「よいしょ」と持ち上げられて移動する場面を度々目にする。友達も大人をまねて、抱きかかえて移動する。

　「遊びの時間が終わるよ。帰ろうか?」といった子どもの気持ちをいったんくみ取る関わりが、子どもの主体性を育むことにつながる。

(2) 共同活動の展開

　近年、肢体不自由児も活用できる電子情報支援技術や、コミュニケーション支援技術が開発されている。スイッチを押すとボールが飛び出すピッチングマシンや、ミキサー、カメラなどを可能な範囲で活用することにより、集団の中でさまざまな役割を果たすことが可能になる。こう

した技術も取り入れて、友達との関わりを楽しみ、自己肯定感を育んでいきたい。また日常生活動作の発達は個人差が大きいので、大人との共同活動として達成することから始めて、徐々に可能な範囲で介助を減じていくことが大切である。

3. 肢体不自由児の保育

(1) 自己決定する力を育てる

　他者からの指示や援助を受け入れる生活が中心になると、「〜したい」という意志を持ちにくくなる。表情やしぐさから気持ちをくみ取ってあげたい。子どもが生活の中で自己決定できる場面を設定し、食事や排泄などの生活場面や遊びの場面で、絵カード、キーボードに仮名文字が書いてあり、その文字を押すと対応する音声が出力されるトーキングエイド（製造元は「ナムコ」）、そしてビックマック（ハンバーガーのような形の機器で音声メッセージを1つ録音でき、上部を軽く押すと録音しておいた音声が再生される）なども用いて意思表示を尊重していきたい。

(2) 肯定的な対応

　友達と比べてしまうことなく、本人のやろうとしていることに注意を向けて成長を促す糸口を見つけたい。自信を持ってできそうなことから支援し、達成感を積み重ねてあげたい。

(3) 専門機関との連携

　相談機関としては、医療機関、児童相談所、療育センター、特別支援学校の教育相談、都道府県の教育センター、通園施設などがある。お互いに情報を共有し、連携して育てていきたい。

第2節　視覚障害児の理解と援助

1. 視覚障害とは

(1) 盲とは

　従来、①全盲、②両眼矯正視力0.02未満は盲、③0.02以上0.04未満は準盲と区分されてきた。高度の視覚障害児は、臨床上、視覚的イメージの有無でも分類される。ここでは視覚を持たない伝達系（網膜からの電気信号が眼球・視神経・外側膝状体・視放線を通って脳の視覚感覚野に至るまでの間に生じた障害によって目が見えない場合、伝達系の視覚障害という）の障害乳幼児を対象とする。

(2) 弱視とは

　医学的弱視（amblyopia）のほか、社会的弱視（教育的弱視）の定義も用いられる（学校教育法施行令第22条第3項、および身体障害者福祉法における視覚障害等級表）。その基準は、①両眼矯正視力が0.04以上0.3未満を弱視、②0.02以上0.04未満を準盲、③0.02未満を盲という。視力が0.3未満で、生活や学習において点字を用いるのではなく、拡大した文字や拡大して見るための弱視レンズなどを用いる伝達系障害を弱視という。

(3) 中枢性視覚障害とは

　中枢性視覚障害は、視覚中枢以降の損傷によって生じる一時的または永続的障害である。伝統的な視覚障害が形態刺激（目から入った光刺激が網膜で電気信号となり脳の視覚感覚野に到達するまでの刺激）の伝達系障害であるのに対し、中枢性の場合は視性刺激（視覚感覚野に届いた視覚刺激が脳で解析される）の解析系障害である。

2. 視覚障害児の理解

(1) 盲児の遊び

①乳児期——情緒・注意の共有

触角・聴覚・味覚・嗅覚・固有受容感覚（筋肉を使うときや関節の曲げ伸ばしによって生じる感覚）を介した大人との主体 – 客体の未分化なやり取りによる、自発活動の促進が、育児・保育の主眼となる。子どもの情緒・注意に呼応して声かけのプロソディ（抑揚、音調、強勢、音長、リズムなど）を変えたり、口の開閉や手足の動きに合わせて"アム、アム""ヨイショ、ヨイショ"と同調行動（子どもの動きや気持ちの流れに合わせてリズミカルに声を添えたり体に触れたりすること）を添えることが活動意欲を高める。やり取りの楽しさや主導性、愛着、一人の寂しさへの気づき、母親を求める発信活動などを育む。

②乳児における遊びの展開

刺激 – 反応の連鎖を第1次循環反応（乳児が自分の指をしゃぶったりすること）とするなら、第2次循環反応（生後3カ月頃の乳児がたまたま体を動かしたらガラガラなどが鳴り、体の動きと音が鳴ることの関係に気がついて自分から体を動かしたりすること）は因果関係の発見を指す。乳児がたまたま寝返りをすると、つるしてあるガラガラが鳴った。乳児は、しばらく考えてからベビーベッドの上で体を動かしてみる。再度ガラガラが鳴ると、表情を輝かせて反復する。これが進展してより探索的・複線的になると、第3次循環反応となる。また、最初に"カシャカシャだよ"と声かけをしてから音を聞かせ、セロハンなどを手に触れさせる。分かりやすい対象には、たたくチャイム、小豆、ビニール、缶、盲児用ピンポンボール（中に粒状のものが入っていて振ると音がするピンポンボール）などがある。

③対象の聴覚的永続性

1歳頃から、直接手に触れないときにもなじみの音源へ手を伸ばすこ

とが観察される。音を聞いてなじみの玩具がある場所を知り、手を伸ばすのである（聴覚的永続性）。玩具を吸盤で固定したり、ひもでつるしたり、お盆に入れたり、中央を低く作った机の面に置いたりすることは、対象が手から離れても再び探すのを助ける。

(2) 弱視児の遊び
①視覚評価の基本
　視機能のうち、視力のみを基準に困難が規定されるのではない。視力、視野、色覚、暗順応、眼球運動、調節、両眼視などの諸機能が関連する。弱視児との関わり合いにおいては、生活上の具体的な視覚的行動に基づいて困難な点を評価し対応する。
②乳児との関わり合い
　顔を近づけて語りかけ、手を誘導して大人の顔に触らせる。また、乳児の視野内で提示位置と距離を加減し、ベッドにいる乳児の上にカラフルな素材（プラスチックでできた鎖状のものなど）をつるす。機嫌に配慮し、乳児の発声や微小な動きに合わせて声かけして体をさする同調行動は、乳児との関わり合いの基本である。乳児期では、母子関係の確立が支援の根本課題である。親があやしたときの子のわずかな反応を、肯定的に伝えてあげる。

(3) 中枢性視覚障害児の理解
①視覚の特徴
　易変性（視覚認知が刻々と変化しやすい）、クラウディング現象（視覚入力が増すほど見る効率は下がる）、易疲労性（疲れやすいこと）、パターン抽出困難（形を見つけ出すことが難しいこと）、視覚的注意の低下、周辺視野の反応が比較的良い、色知覚が比較的良い、動くものを見つけやすい、視覚の解析（見たものが何であるかが分かること）に時間がかかる、などが挙げられる。

②関わり合いの基本

中枢性障害は解析系の困難であるから、視覚情報を厳選してそれへの視覚的注意を促し、姿勢・呼吸などの負荷を減じて中枢神経系機能を集中できるようにする。子どもの負担を減らして、見ることに集中しやすくするのである。また、安心できる人間関係を土台として、主体的探索を促す。音声を再生する装置であるビックマックや型はめの自作教材を用いて自発活動を促したり、座標構成活動（空間の位置を同定すること）の再形成を行ったりしている。

3. 視覚障害児の保育

(1) 盲児の保育

①探索とコミュニケーション

人・物への働きかけを通して、対象の特性を理解する。探索中に遊具に偶然行きつくと、シーソーや滑り台をたたいたり、なめたりする。"ここから……ここまであるね" "ユラユラするね" など、特徴に気づくように助ける声かけをする。幼児車のタイヤをたたいているとき（今までの子どものスキルで物を扱うことであり、同化といわれている）、偶然回ることを発見して顔を輝かせて夢中で回すことがある（新しいスキルで物を扱うことであり、調節といわれている）。同化と調節による自発的探索を遮ることなく、適時・適切な働きかけにより環境理解を育む。園や幼稚部で友達と、外界へ主体的に働きかけることを励ます。

②音源定位

音源定位の情報は、音源から発する空気振動が両耳に達する時間差により得られる。少し離れた場所から、呼んだり音を鳴らしたりして音源への移動を励ます。玩具のカゴに鈴をつける等のランドマーク（子どもがよく行く場所に、鈴などをつけて気づきやすくする手がかり）は、触探索を助ける。音楽が鳴るボールやオルゴールなども活用できる。

③概念形成と点字の基礎

　幼児期の中・後期では、友達との遊びの中で概念形成の芽生えを見つけていく。丸いものは何でも回す子がいる。コップを指でたたき、音の違いから入っている量を確認する子がいる。親の靴を履いて大きい感じを楽しむ子がいる。形・量・大きさ等の属性に注意を向けているのである。"大きいね"などの言葉を添える。

　ある子は、散歩のときにバッタに触ろうとして握りつぶしてしまった。力の加減が分からなかったのである。小さい洗濯カゴに入ろうとする子がいた。これは、自分の身体のサイズや働きについての知識であり、ボディイメージといわれる事柄と関連する。

　幼児期後期では、会話を覚え概念形成が進む。友達と、尻取りや逆さ言葉を楽しむなど音韻構造（話し言葉の音の成り立ち）に関心を持つ。レーズライター用紙（ビニール製の作図用紙であり、日本点字図書館で販売している）に描いた縦・横・斜めの凸線を指で触る。このように、言葉・概念形成・触察が進むと、点字導入の機会が生じてくる。

(2) 弱視児の保育

①ピンホール効果

　目を対象へ近づけてまぶたを狭めて見ると、期待以上の解像力を示す場合がある。焦点深度（目のレンズの口径が小さいほど焦点深度は大きく、シャープに映る像を作るピント合わせの範囲が広くなる）が深くなったために得られるピンホール効果である。顔が視対象に近づくので、照度調整や斜面台の利用などの工夫がいる。

②羞明

　ぶどう膜欠損や透光体（角膜・水晶体・硝子体など）混濁、白子症、色覚異常などを伴う場合、陽光や照明にまぶたを細めるかもしれない。羞明（しゅうめい）のある子には、遮光眼鏡の適用や照度の配慮を要する。拡大読書器や文字の教材に対する視反応を観察するときには、図と地の白黒反転につ

いて見やすさを比べる。黒いノートと白ペンなども、有用な場合がある。

　③補助具の活用と友達との関わり

　遠視や近視などの屈折異常に対しては、乳幼児期より眼鏡が処方される。このほか、テレビ画面に文字などを大きく映し出す器械である拡大読書器や近用弱視レンズ、単眼鏡も幼児期から導入できる。見やすくする工夫としては、黒い板や白い盆の上に、背景に対してコントラストの高い色の扱いやすい玩具（ビックマック・キーボード等）を置いて、手を伸ばすことを促す。縁のある盆の内側では、見失っても探す範囲が限定され視覚的探索がしやすい。年少未満から視覚特別支援学校の教育相談に行ったり、年中から保育所へ通う子もいる。子どもたちの中で、みんなが楽しめる遊び（鈴をたくさん付けたシーツをつるしてボールを当てる遊び、ピアノの演奏に合わせて自由に踊る等）を工夫していきたい。

(3) 中枢性視覚障害児の保育

　最近の研究では、視覚系活動の発達可能性を示唆するものがある。改善の上限については、約4歳から16歳とさまざまな見解がある。眼球偏位（両方の眼球が共同して偏り、目からの入力をしばらくの間止める）やまばたきの有無が、視覚解析（見て理解する働き）の状態の指標となる。姿勢や呼吸の負荷を減らす環境調整は視反応と眼球偏位を改善する。また、書字に困難を示す子において、二次元空間のヨコ（X軸）・タテ（Y軸）・真ん中を基準として磁石の玉を見本と同じように置くことを経て、描線と書字が少しずつうまくなった事例を経験している［今野ほか、2011］。

第3節　聴覚障害児の理解と援助

1. 聴覚障害とは

聴覚障害は、その原因部位によって伝音難聴と感音難聴に大別される。

(1) 伝音難聴

外耳道・鼓膜・中耳の異常で、聴力低下したものである。外耳道の異常として先天性外耳道閉鎖症があるが、内耳が正常に機能していれば軽度である。中耳炎による難聴だけであれば高度の難聴は来さない。

(2) 感音難聴

内耳から聴覚野までの異常で生じるが、音の聞こえ方が悪くなった状態であり、2種類に分けられる。補聴器を付けただけでは聞き取りが難しい場合があり、聴能訓練が必要である。

①内耳性難聴

内耳障害で起こるが、聴力低下だけでなく音がゆがんで聞こえる。難聴は高音域から始まり重度に至る場合があるが、低音域（例えば太鼓の音）は残ることが多い。

②中枢性聴覚障害

主として脳の聴覚野の異常によるもので、音としては聞こえるが内容が理解できない（聴覚失認）。

2. 聴覚障害児の理解

(1) 早期からの養育

聴覚は言語発達のみならず、知的発達や情緒発達にもたいへん重要な

役割を果たしている。重度難聴の子どもが自然に話し言葉を習得することは困難である。また、見えない場所の音が聞こえないので、見えない世界を想像することが難しく、抽象概念が育ちにくい。しかし、最近は性能のよい補聴器が開発され、また人工内耳も適用されるようになってきており、早期からの養育が欠かせない。

(2) 家族を理解する

わが子が聴覚障害であることを告げられた親の混乱や不安は長く続く。特別支援学校の教育相談、幼稚部や保育所などへの集団参加、就学、進路選択、就労などの移行期に際し、長期的な視野に立った一貫性のある支援が大切である。同じ障害の子を持つ親との出会い、子どもとのコミュニケーションの成立、相談できる専門家がいることなどは、大きな支えになる。手話・指文字でのコミュニケーションに代表される、聞こえないことを背景とした文化を持った「生活者」と受け止める考え方の広がりを期したい。

3. 聴覚障害児の保育

(1) 社会性の育ちを支える

言語獲得には、"コミュニケーションの確立"と"書記言語の習得"という2つの面がある。コミュニケーションの確立によって、親や身近な人たちとの心理的交流が育まれる。また、ルールのある遊びや子どもどうしのやり取りを通して、集団参加ができるようになったり相手の気持ちをくみ取る心情が育つ。

(2) 子どもたちの中で育てる

参加する集団には、聞こえる子どもたちの集団だけでなく、聞こえない子どもたちの集団もある。そこでは、手話・指文字などの視覚的言語を基本としたコミュニケーションが行われている。音声言語によるコ

ミュニケーションを行う集団のみならず、どのような子どもたちの中に本人が参加しやすいかという観点からの選択も大切である。

(3) 日本語の習得

　聴覚活用を基本として日本語をそのまま習得させる取り組みと、手話・指文字を第1言語として獲得させて、それを基本に第2言語として日本語の読み書きを学ばせる取り組みとがある。人工内耳の早期からの装着は、これまでの聴覚活用教育の限界を少しでも解消するものとして期待されている。多くの療育機関や教育機関では、聴覚活用を進めながら手話・指文字なども積極的に活用するようになってきている。

【引用・参考文献】
　沖高司編『肢体不自由児の医療・療育・教育〔改訂2版〕』金芳堂、2009年
　今野正良・長崎勤・土橋圭子編『視覚・聴覚・言語障害児の医療・療育・教育〔改訂2版〕』金芳堂、2011年
　宮本信也・石塚謙二・西牧謙吾・柘植雅義・青木健、土橋圭子・今野正良・廣瀬由美子・渡邉慶一郎『特別支援教育の基礎』東京書籍、2009年

第6章

知的障害児の理解と援助

千草　篤麿

第1節　知的障害児の理解

1．知的障害とは

　知的障害という用語は精神遅滞（Mental Retardation）と同義であるが、精神遅滞が学術用語であるのに対して、知的障害は法律用語として定められたものである。しかし、知的障害とは何かということについては「知的障害者福祉法」にも明記されておらず、日本ではその定義が曖昧な状況となっている。そこで、アメリカ精神医学会の診断基準であるDSM-Ⅳ-TR（2002）から精神遅滞の診断基準を**図表1**に示し、次にそれぞれの項目について説明する。

(1) 知的機能
　知的機能が低いという基準を、知能指数（IQ）が70以下としている。知能指数は知能検査によって測定されるもので、平均が100となるように標準化されたものである。さらに、母集団の3分の2が85〜115の得点を取るようになっており、この範囲を正常知能としている。そして、平均から30離れたIQ70以下を、有意に平均を下回る知的機能とみなし、母集団の2.5%がこの範囲に入ることになるのである。また、**図表1**のように知的障害の程度をIQによって、軽度、中等度、重度、最重度と区分している。また、IQ71から84を境界線知能という。
　乳幼児期の子どもの場合、知能検査を実施することは少なく、発達検査を用いることが多い。発達検査は、純粋に知的機能のみを測定する目的で標準化されたものではない。しかし、**図表1**の重症度が「特定不能」となる幼児などの場合、発達検査で補うことが一般的である。

図表1　アメリカ精神医学会の診断基準による「精神遅滞」の定義

精神遅滞（Mental Retardation）
A. 明らかに平均以下の知的機能：個別施行による知能検査で、おおよそ70またはそれ以下のIQ（幼児においては、明らかに平均以下の知的機能であるという臨床的判断による）
B. 同時に、現在の適応機能（すなわち、その文化圏でその年齢に対して期待される基準に適合する有能さ）の欠陥または不全が、以下のうち2つ以上の領域で存在：コミュニケーション、自己管理、家庭生活、社会的/対人的技能、地域社会資源の利用、自律性、発揮される学習能力、仕事、余暇、健康、安全
C. 発症は18歳以前である

▼知的機能障害の水準を反映する重症度
　軽度精神遅滞：　　　IQレベル50～55からおよそ70
　中等度精神遅滞：　　IQレベル35～40から50～55
　重度精神遅滞：　　　IQレベル20～25から35～40
　最重度精神遅滞：　　IQレベル20～25以下
　精神遅滞、重症度は特定不能：精神遅滞が強く疑われるが、その人の知能が標準的検査では測定不能の場合（例：あまりにも障害がひどい、または非協力的、または幼児の場合）

出典：[アメリカ精神医学会、2003]を基に作成

(2) 適応機能

第2に、適応機能の障害を挙げている。日常生活においてなんらかの援助を必要とする子どもである。乳幼児であれば誰でも大人の援助を必要とするが、ここでは「その文化圏でその年齢に対して期待される基準」に適合しているかが問題となる。例えば、一般的な日本のある年齢の子どもに期待される「コミュニケーション」、「自己管理」、「自律性」、「学習能力」など、2つ以上の適応機能に問題がある場合が該当する。

例えば、3歳の子どもが一人でスプーンを使って食事がとれない場合や、小学生が一人で衣服の着脱ができない場合、中学生が一人で買い物に行けない場合などである。

(3) 発症年齢

第3の基準として、発症が18歳以前であることを挙げている。すなわち、発達期において顕在化する障害であることが分かる。成人期まで正常に発達してきた知的機能がその後において低下する場合は、認知症として区別される。

2. 知的障害の原因

　知的障害の原因は、生理因と病理因に大別できる。生理因は、なんら病的症状を伴わない、単なる知能の偏りとして捉えられるものである。また、知的機能の障害程度は軽度のものがほとんどである。

　一方、病理因は、明らかな器質的原因が特定されるもので、知的機能の障害程度は重度のものが多い。具体的な原因は、遺伝条件、感染病、事故、未熟、化学物質、環境的有害物質の6種が挙げられている［デビソン&ニール、1998］。以下に、3つの発生時期ごとに病理因を分類する。

(1) 出生前の病理因

　出生前の原因としては、染色体異常や遺伝子病、母体感染などが挙げられる。染色体異常は、突然変異による染色体の数の異常や癒着、断裂などによって起こるものである。常染色体の異常では、21番染色体を3本有しているダウン症候群がよく知られている。また、5番染色体の一部欠失による猫鳴き症候群は女児に多く、知的障害とともに新生時期の鳴き声が子猫の鳴き声に似ていることからこの障害名が付けられたものである。また、X染色体の異常では、X染色体形成不全による脆弱X症候群が知られるようになってきた。この障害は中等度の知的障害を伴い、注意欠陥や多動を伴うことが多い。

　遺伝子病では劣性遺伝子病のフェニールケトン尿症が挙げられる。これは酵素の欠乏による新陳代謝過程の阻害が、脳の神経細胞を冒すことによって起こる重度の知的障害である。しかし、新生時期の検査によって早期発見され、早期から食事療法が続けられると、知能は正常範囲となり、知的障害を克服できる。

　母体感染は、胎児が免疫反応を持たない妊娠初期に母体が感染病にかかることによって起こる知的障害である。風疹、サイトメガロウィルス、トキソプラズマなど、母体胎児感染が胎児の身体奇形と知的障害を生じ

させるものである。

(2) 周生期の病理因

周生期は周産期と同義で、妊娠28週から生後1週未満の時期をいう。周生期の原因としては、母体感染などの子宮内要因と、未熟産や仮死、低酸素症、頭蓋内出血などの出生時要因に大別される。

未熟産は予定より2週間以上前に生まれる場合である。未熟児は呼吸機能の未熟性のために低酸素症に陥り、中枢神経系の発達が障害されることがある。もちろん、未熟児で生まれた子どもの多くは正常に発達していくが、一部に知的障害が生じることがある。

(3) 出生後の病理因

出生後の原因は、一酸化炭素中毒などの中毒症、日本脳炎やヘルペス脳炎などの脳炎や髄膜炎などの感染症、交通事故などによる脳挫傷や脳出血などの頭部損傷などがある。また、まれに予防接種後脳脊髄炎がある。その他、乳幼児期に発症する原因不明のてんかん性脳症では、発作が重なると知的障害が起こることがある。このような小児期の難治性てんかんには、点頭てんかんなどが知られている。その多くは知的障害の程度は重度になるが、早期治療で改善する場合もある。

第2節　知的障害児の発達

1. 知的障害児の発達特徴

子どもの発達は、知的障害があってもなくても共通の道筋を進むものである。しかし、知的障害があると、障害のない子どもに比べて、その

歩みの速度は障害の程度に応じて遅くなる。また、次の発達段階を乗り越えるのに時間がかかったり、発達が停滞したり、場合によっては退行することもある。ただし、知的障害があってもその発達の可能性は無限であると言える。それは、新しい何かができるという「タテへの発達」には限りがあっても、そのことがいつでも、どこでも、誰とでもできるという「ヨコへの発達」はどんどん広げていくことができるからである。

次に、ダウン症と点頭てんかんの子どもの発達特徴について概観する。

2. ダウン症について

ダウン症は、1866年にイギリスの医師ダウン（L. Down, 1828～1896）によって、初めてその身体的特徴や知的障害について報告された。ダウンはその中で、平たい顔、斜めにつり上がった目、小さい鼻、厚い唇などの特徴的な顔貌について述べている。また、発達的な側面にも言及しており、「模倣能力は非常に大きく、伸ばして実際的方面に向けることができるだろう。さらに、彼らは普通にしゃべることができる。そのしゃべり方はダミ声で不明瞭であるが、舌の訓練を計画的にうまくやれば改善することができる」と、現在でも参考になることを述べている。

原因については長らく不明であったが、1959年になってようやく21番染色体の過剰によるものであることが明らかになった。21番染色体が3本ある障害として、21トリソミーとも呼ばれている。

(1) 運動発達

ダウン症児の歩行開始の遅れなど、運動発達の遅れは筋緊張低下と大きく関係している。ダウン症児の筋緊張低下は全身性のもので、普通児に比べ顕著である。定頸や始歩などの平均年齢は各研究者によって多少の差はあるが、ほぼ発達指数50前後の経過をとることで一致している。すなわち、普通児に比べ約2倍の年月をかけて運動発達が進むこととなる。

また、ダウン症の主な合併症である心奇形と運動発達の関係も注目さ

れてきている。心奇形の合併症のあるダウン症児は、定頸、寝返り、つかまり立ち、独り歩きなどでさらに数カ月の遅れが認められている。逆に、心臓手術を受けた後では、移動運動に著しい向上が見られることも明らかにされている。このことから、近年ではダウン症児の多くが、乳児期や幼児期の早期に心臓手術を受けるようになってきている。

(2) 言語発達

言語発達の遅れも、ダウン症児の大きな問題である。言語理解の遅れについては、発達全体の遅れのほかに、聴覚障害の存在が問題となっている（ダウン症児の約半数に聴覚障害があるとされている）。また、言語理解の問題以上に発語や構音など表出面の遅れも顕著である。特に構音の障害は、舌が大きく厚いことや、高口蓋および構音に関する筋肉の低緊張が影響している。初語の平均は始歩と同時期とされ、ほぼ2歳代で出現する。しかしその後、言葉数が増加しにくい事例が多い。初語が出てからの言葉の発達がスムーズに進まないのは、構音の調整が困難なためである。したがって、理解力はあっても表出言語が少ないため、身ぶりや動作でコミュニケーションをとろうとする傾向が強くなる。

(3) 社会性の発達

一方、ダウン症児の社会性や社会生活能力の発達は、運動発達や言語発達などに比べ優れていることが指摘されている。特に、ダウン症児は精神年齢が同じ程度の普通児や他の精神遅滞児に比べ、他者の感情表現に対して相手の顔をよく見つめる傾向にあることが明らかにされている[Kasari et al., 2003]。このように、ダウン症児は実生活の自然な場面では他者の感情に対する対応はよくできるのである。

3. 点頭てんかんについて

てんかん発作は、脳細胞の病的な興奮が繰り返されることによって起

こる。したがって、病理因による知的障害で、脳になんらかの障害がある場合にはてんかん発作が起こりやすくなる。一般集団でのてんかんの頻度が0.5%であるのに対して、知的障害がてんかんを合併する頻度は20〜30%とされている。しかし一般に、てんかんそのもので知的障害が生ずることはない。ただし、点頭てんかんやレンノックス－ガストー症候群など乳幼児期に発症する原因不明のてんかん性脳症では、発作が重なると知能が低下し、知的障害になる。

点頭てんかんは、1841年にイギリスの小児科医ウェスト（J. West）によって最初の報告がなされた。それは、ウェストが自分の子どもの特有なてんかん発作を観察して報告したものであった。発作の形がうなずく（点頭する）ように見えるため「点頭てんかん」という名称が付けられたが、ウェストの名前をとって、ウェスト症候群とも呼ばれている。

(1) 点頭てんかんの特徴

点頭てんかんの特徴を挙げると、次の4点になる。
① 発症時期は乳児期で、3〜8か月頃が最も多く、ときには1歳台での発症も認められる。
② 発作型は頭部前屈、両上肢挙上、眼球上転が典型的で、1回の発作は数秒で短いが、その発作を何度も繰り返す（シリーズ形成）。
③ 脳波はいろいろな領域から高振幅で不規則な波（ヒプスアリスミア）が出現する。
④ 多くの症例で知的障害を伴う。

(2) 乳児期の発達段階における点頭てんかん

点頭てんかんの発作が発症すると、全体的な発達の停滞や退行が起こる。乳児期前半の発達段階で停滞している場合、全般に不機嫌、不活発になり、筋緊張低下が現れ、定頸や座位の不安定化、腹臥位肘支持の困難、注視・追視・聴覚反応の低下、笑顔や発声量の減少が見られる。点

頭てんかんの治療は、主に抗けいれん剤による薬物療法や向副腎皮質ホルモン（ACTH）の投与であるが、治療開始が遅れると、手に物を持たせてもすぐ放したり、指吸いが多くなるなどの発達退行が認められる。

　乳児期後半の発達段階で停滞している点頭てんかんの子どもは、四つばいや伝い歩きで移動するときに、目標が途切れやすくなる。小さいものを指先で把握することなど手指の操作がうまくできない。また、物を容器に入れることが困難で、持った物を口に入れたり、側方へ投げることにとどまってしまう。また、おもちゃで遊ぶことは徐々にできるようになってきても、大人といっしょにおもちゃで遊ぶことは難しい。

(3) 幼児期の発達段階における点頭てんかんおよびレンノックス－ガストー症候群

　乳児期の発達段階から1歳半頃の幼児期の発達段階に移行する際に、点頭てんかんの発作の有無が問題となる。発作が持続しながら1歳半の発達段階に移行することは容易ではない。このことは、発達にとって点頭てんかんの治療がいかに重要であるかを示すものである。

　この時期は歩行が可能となるが、集中力が弱く、多動傾向となることが多い。そのため、自閉的な行動のようにみなされることがある。積み木を積んだりする遊びが持続しにくく、失敗すると気持ちが立ち直りにくいこともよく認められている。

　2～4歳頃にかけては、点頭てんかんからレンノックス－ガストー症候群に移行する場合や、それまでは何の発作もなく急にレンノックス－ガストー症候群の発作が出ることがある。レンノックス－ガストー症候群は、幼児期の難治性てんかんの代表であり、多くは知的障害や脳性麻痺を伴う。発作は極めて多彩であるが、身体の筋肉が強く収縮する強直発作が中心で、意識消失を伴う。さらに、覚醒時だけでなく睡眠中にも起こる。また、全身の力が瞬時になくなって崩れるように倒れる脱力発作を起こすこともある。発作が出ると歩行が不安定になってふらつくよ

うになり、手に持ったものをよく落とす、うまくしゃべれなくなるなどの発達退行が顕著になる。また、この時期の発達退行は情緒的な問題が出やすく、自信をなくすことがあるので注意する必要がある。

第3節　知的障害児の援助

1. ダウン症児の保育・療育の視点

　ダウン症児は、先天性の心奇形や呼吸器疾患など身体的な弱さを伴うため、健康増進への取り組みは不可欠である。乾布摩擦や外気浴などを積極的に行い、薄着の生活習慣をつけることも大切である。また、乳児期の発達段階にあるダウン症児には、筋緊張の低下で運動発達が停滞することが多いので、体操や訓練を取り入れるなど運動発達を促すことが必要である。この時期は、姿勢や運動の発達が進むことで意欲が高まり、知的発達を促すことにもなる。
　次に、合併症への配慮として専門機関との連携が必要となる。心奇形の場合に、どの程度の運動が可能かということを医療機関の診断に基づいて判断し、それを保育現場で実践することになる。また、その実践結果を医療機関に情報提供することで、さらにその子どもに応じた保育・療育を進めていくことができるのである。
　また、落ち着きがない、遊ぶときに物に目を近づけすぎている、呼んでも振り向かないなど、保育の中で気になる行動がある場合は、視覚障害や聴覚障害を疑うことも必要である。遠視の眼鏡をかけることで行動が落ち着いたり、補聴器を使うことで反応がスムーズになることがあり、結果として知的発達の促進につながる。
　幼児期の発達段階にあるダウン症児では、言葉の発達が大きな問題と

なる。模倣能力や言語の理解力があるのに言葉数が増えないことが多い。特に構音機能の弱さが認められるので、この点への配慮が必要となる。ただし、直接的な言語指導では意味がない。構音機能は摂食や呼吸機能と関連するので、生活全般を通した取り組みが重要である。例えば、①スプーンや箸を使って食べ、またしっかりかんで食べる、②コップからこぼさずにお茶を飲む、③ハーモニカを吹いたり吸ったりして音を楽しむ、④好きな手遊び歌をみんなといっしょに歌う、などである。

2. 点頭てんかん児の保育・療育の視点

　点頭てんかん児は、ダウン症児よりも医療機関等との密接な連携が必要である。点頭てんかんの治療の目安は、発作の消失、脳波の改善、そして全般的な発達の促進である。いくら発作が消失しても、発達が停滞したままでは治療効果が高いとは言えない。医療と保育の連携の必要性がここにあると言える。

　発作が継続しているときは、不機嫌、不活発で意欲も低下するので、保育・療育実践がスムーズに子どもに伝わらない。薬物療法等の適切な治療を受けながら、保育・療育実践を進めることが大切である。また、治療の効果は、一日の大半を過ごす保育・療育の場で現れることになるので、生活の様子を医療機関に情報提供することで、より良い治療が進めやすくなる。

　保育・療育の場でいきいきと楽しく遊ぶことで、大脳の活動が活性化され発作が起きにくくなることが明らかにされている。一人でぼんやりしているときの脳波は異常波が出やすくなっており、逆にいきいきと活動をしているときの脳波は異常波が少なくなっている。てんかん発作があるからといって、静かに安静にして過ごすことは保育・療育の場にはふさわしくない。疲れすぎない程度にみんなといっしょに楽しく遊ぶことが治療の一助にもなり、また、結果として知的機能の発達を促すことにもなる。

幼児期の発達段階にある点頭てんかん児は、前節で述べたように、レンノックス－ガストー症候群に移行することが多く、そのことによって発達退行を起こすことがある。みんなといっしょに走り回れなくなったり、食事を食べるのに時間がかかるようになったり、うまくしゃべれなくなったりすることがある。そのことによって自信を失い、できることでもやろうとする意欲がなくなる。しかし、保育者が無理にさせようとすると、楽しくない気持ちが高まり、発作につながってしまうこともある。苦手なことに対して援助をして励ましつつ、自信を持たせるような取り組みを、治療と合わせて行うことが望まれる。

【引用・参考文献】

　アメリカ精神医学会編（高橋三郎・大野裕・染矢俊幸訳）『DSM-Ⅳ-TR精神疾患の分類と診断の手引き〔新訂版〕』医学書院、2003年

　アメリカ精神遅滞学会編（茂木俊彦監訳）『精神遅滞――定義・分類・サポートシステム〔第9版〕』学苑社、1999年

　右京病院発達医療部編『てんかんと上手につきあうために』法政出版、1989年

　大堂庄三『精神遅滞児の臨床――原因・脳・心理・療育』青弓社、2003年

　尾崎望・出島直編『新版・子どもの障害と医療』全障研出版部、2000年

　G・デビソン、J・ニール（村瀬孝雄監訳）『異常心理学』誠信書房、1998年

　C. Kasari, S. Freeman & W. Bass, "Empathy and response to distress in children with Down syndrome", *Journal of Child Psychology and Psychiatry*, 44, 2003, pp.424-431

第7章

言語障害児の理解と援助

橘川　佳奈

第1節　言葉の発達と障害

　一般に、言葉の「理解面」と「表出面」の片方、あるいは両方に問題があることを言語障害というが、その原因や特徴はさまざまである。例えば、子どもの主な言語障害には、聞こえの問題（聴覚障害）、音の正確さの問題（構音障害）、言葉の滑らかさの問題（吃音）、声の問題（音声障害）、言葉を理解し話す能力の問題（言語発達遅滞）などがある。それらをさらに分類すると、構音、流暢性、声の障害は、「音声言語」（speech）の問題であり、言葉の理解や意思の言語化の障害は、「言語機能」（language）の問題である。どちらの問題も、人と人とのコミュニケーションに支障をもたらす。

　通常、言葉の発達にはいくつかの段階があり、子どもは皆それぞれの段階を経て、しだいに言葉を身につけていく。前言語期（1歳頃まで）には、生後2カ月頃になると、「あうー」、「えっえっ」など母音を中心にクーイングが始まり、生後6カ月頃には「ばぶばぶ」、「だだだぁ」のように、いくらか複雑な音が喃語として現れる。そして、1歳の誕生日前後には、「まんま」、「ぶーぶ」、「わんわん」など意味を持つ音が出始め、これは初語と呼ばれる。

　この時期は、親や周囲の人と共感的・情緒的なやり取りが盛んに行われ、声以外にも表情や身ぶりなど、いろいろな手段を使って人とやり取りをする、いわゆるコミュニケーションの基盤が育まれる時期である。そのうち子どもは、人や物に名前があることを理解し、例えば、「ゾウさんは、どれ？」、「ママはどこ？」と聞かれたときに、指で差したり、簡単な語を覚えて1語文で答えたりするようになる。

　そして1歳半〜2歳頃になると、「パパ、おしごと（パパは仕事に出かけた）」、「ぽんぽん、いたた（お腹が痛い）」というように2語文を話すよう

になり、急速に語彙数も増えていく。さらに2歳半～3歳頃には、自分の要求や考え、また身の回りの様子などを、単純な構文の多語文で話すようになる。2～3歳にかけては、特に知的好奇心が広がり、目にするものを次々に「これなあに？」と尋ねることが増え（第1質問期）、年齢とともに「なんで？」、「どうして？」の質問も多くなり（第2質問期）、物事の意味や因果関係に興味を持つようになる。そして幼児期後半期には、生活のあらゆる場面における言葉のやり取りを通じて、小学生以降の知的学習活動を支える言語の基礎力を身につける。

　このように、言葉は発話が始まる以前から段階的に発達するが、ときにはその発達が標準よりも遅いというケースもある。実際のところ、乳幼児対象の1歳半健診や3歳児健診などで、「言葉の遅れ」を心配する保護者は少なくない。その中には、単に発達が遅めという場合もあれば、特定の障害の傾向が現れている場合もあるだろう。いずれにせよ、発達の個人差が極めて大きい時期であるため、焦らずに成長を見守るべきケースなのか、それとも早急に専門的な対応をすべきケースなのか、正しく判断しなければならない。

第2節　言葉の障害の種類と特徴

1. 聴覚障害

　聴覚障害、すなわち難聴は、伝音難聴（外耳・中耳の障害）、感音性難聴（内耳・聴神経の障害）、混合性難聴（伝音性＋感音性）と区別される。最近は、多くの地域で、新生児聴覚スクリーニングが実施されるようになり、新生児期に発見される両側難聴は、1000人に約0.5～1人の割合といわれている。

伝音難聴の多くは、手術をしたり、補聴器で音を増幅したりして、聞こえをかなり改善できる一方、感音難聴は治療が難しく、難聴の程度も重く、単に聞こえにくいだけでなく、聞こえにひずみが生じるため、補聴器で音を増幅しても、音がゆがんで聞こえてしまう傾向がある。しかし、現在では人工内耳＊の技術が進歩し、高度難聴の場合でも、補聴効果が高く、早期から装用することで、言葉の獲得や学力の向上に一定の効果があるとされている（第5章第3節参照）。

　　＊人工内耳とは聴神経に音の代わりに電気刺激を送り、音や言葉の感覚を得る装置。体外部分と体内部分とに分かれているが、体内部分は電極を埋め込んだもので、体外部分は言葉の情報を電気信号に変えて体内部分に伝える働きをしている。

2．構音障害

　なんらかの原因で、言葉の音を正しく発することができない状態をいう。言葉の音（語音）には母音と子音があるが、これらの音は、肺から

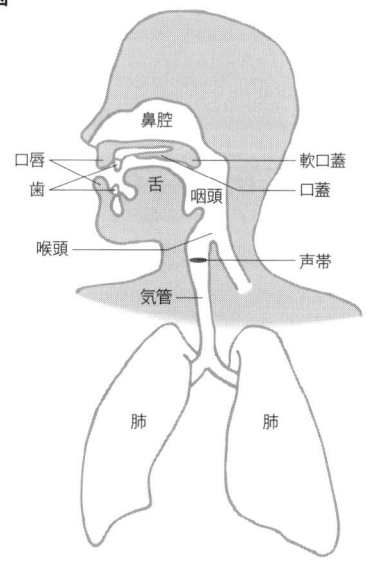

図表1　顔断面図

（筆者作成）

の呼気が喉頭で音声となり、その音声が構音器官（口唇、舌、下顎、軟口蓋を含む）で微妙に調節されて作り出される（図表1）。

　幼児期において、構音の発達には個人差があるが、日本語の語音は5〜6歳頃までにほぼ獲得されるといわれている。一般に、パ行（/p/）、バ行（/b/）、マ行（/m/）などの両唇音や、タテト（/t/）、ダデド（/d/）などの歯茎音は、比較的やさしい音で、3歳頃には完成するが、サ行（/s/や/sh/）、ラ行（/r/）などの歯茎音は、5歳を過ぎても不安定なことがある。つまり、3歳児が「でんしゃ」を「でんた」、「らっぱ」を「あっぱ」と言い違えても、構音障害とは言えないが、年齢と照らし合わせ、習慣的に特定の音を誤る、異常構音（ゆがみ）が見られるなどの場合は、専門的な構音訓練を受ける必要がある。以下に、構音の誤りと構音障害の原因別の種類を挙げる。

（1）構音の誤りの種類
①置換：ある音が他の音に置き換わること。
　（例）「さかな」/sakana/→「たかな」/takana/〈/s/の/t/への置換〉
②省略：ある音が省略されること。
　（例）「りんご」/ringo/→「いんご」/ingo/〈/r/の省略〉
　　　　「ひこうき」/hiko:ki/→「こうき」/ko:ki/〈/hi/の省略〉
③ゆがみ：日本語の語音として書き表すことができない音にゆがんでいること。擦れたような、あるいはこもったような音として聞こえる。

（2）構音障害の原因別種類
①器質性構音障害
　器質的な原因から正しい構音ができない状態。例えば、唇や口蓋が裂けている口唇・口蓋裂**、舌の形態異常が見られる巨舌症や小舌症、舌小帯が短い舌小帯短縮症、鼻と口の間の扉の開け閉めが不完全な先天性鼻咽腔閉鎖不全症***など、生まれつきの形態や機能の異常による構

音障害がこれに含まれる。また、神経疾患や腫瘍の術後などに見られる発語器官の形態や機能の異常など、後天性の原因によるものもある。

　　**胎内で口唇、上顎、口蓋が作られる時期（8週ぐらいまで）に、なんらかの理由から正常な癒合がなされない先天性の形成異常。ほぼ500人に1人の割合で生じる。口唇裂は、唇が赤唇から鼻孔の床にかけて裂けていて、口蓋裂は鼻腔と口腔を仕切る口蓋が前後方向に裂けている状態をいう。口蓋裂では声が鼻に抜けてしまい、開鼻声や鼻漏出による子音のゆがみ、または異常構音が見られる。口唇裂の初回手術は生後3カ月頃、口蓋形成術は発話が始まる1～2歳までに行われることが多い。

　　***先天的に軟口蓋の動きが悪かったり、軟口蓋と咽頭後壁までの距離が長かったりして、話すときに声や言葉が鼻に抜けてしまい、口蓋裂と同じように、声が鼻に抜ける開鼻声や異常構音が見られる。手術をすることもあるが、補助装具をつけて軟口蓋の運動性を向上させる言語訓練を行う。

②運動障害性構音障害

　発声発語に関わる神経系や筋系の病変から運動機能障害を生じ、構音が正しくできない状態。例えば、中枢あるいは末梢神経の障害による麻痺、筋力の低下、筋緊張の亢進あるいは低下、運動パターンや範囲の異常などが原因となる。

③聴覚性構音障害

　聴覚障害がある場合、自分の耳で自分の音声を聞いて調節することが困難であり、その結果、構音に影響を生じている状態。これは、聴覚障害の二次障害と言える。

④機能性構音障害

　発声発語器官の形態異常、神経や筋肉の障害および聴覚障害が認められないにもかかわらず、構音に問題がある状態。原因は特定されないが、言語発達の全般的な遅れ、構音器官の運動機能の未熟さ、不適切な言語環境などが関係すると考えられている。

　構音障害は、原因により医学的な治療を要する場合もあるが、適切な

時期に構音訓練を受けて正しい音を学び直せば、話し言葉の明瞭度がかなり改善される。

3. 吃音

　吃音は「どもり」とも言われ、言葉の流暢性の障害で、言葉の自然な流れが、正常な範囲を超えて損なわれている状態を指す。具体的には、語音や語の繰り返し（例：「ぼ、ぼ、ぼくは」、「ぼく、ぼく、ぼくの」）、引き伸ばし（例：「ぼーくは」）、あるいはブロック（例：「（つまる）ぼくは」）などが、明らかに不自然な頻度や長さで現れることをいう。

　吃音の原因は、1920年代から数々の研究がなされてきたが、決定的な答えはなく、器質的な異常によるという説、人的および環境的なストレスによるという説、そして両者の相互作用を主張する説など、いろいろな議論がある。

　吃音の出現率は人口の約1％といわれるが、なんらかの吃音（通常、吃音が6カ月以上続く状態）を経験する人は約5％で、幼少期にごく短期間吃音があったという人も含めると、約15％にも及ぶと報告されている。発吃の年齢は、特に多語文が増える2〜4歳頃ということが多く、性差を見ると、男女比はほぼ3：1で男子に目立っている。

　吃音の症状である「繰り返し」は、吃音の初期によく見られ、「お、お、おかあさん」や「おか、おか、おかあさん」のように、ある音に突っかかり、次の音に移るまで何度もその音を繰り返すが、幼い子どもにはよく起こり、自然に治ってしまうことも多い。しかし「くーるま」や「くるーま」というように、語頭や語中で起こる音の「引き伸ばし」になると、声の高さや大きさが急に変わることもあり、聞き手側は違和感を持つ。さらに「ブロック」は、吃音がある程度進行してから見られる症状で、音の流れが一時的に遮断され、構音器官の動きも止まるので、緊張性が強く印象に残る話し方になる。

　そして吃音が深刻化すると、情緒や心理面での問題も現れる。初めの

うちは、自分のどもりをほとんど意識しないものの、吃音が慢性化し、周囲が気にしたり言い直させたりすると、自分の話し方に劣等感や焦燥感を抱き、話すこと自体を避けるようになる。また常に心理的な不安や緊張が強くなり、それが発話をいっそう困難にするという悪循環に陥る可能性がある。それゆえ幼児の吃音には、直接的な言語訓練よりも、生活環境や言語環境の調整（のんびりとゆとりのある生活や、慌てずに落ち着いた話し方の実践など）をするのが一般的とされている。

4. 音声障害

通常の声とは異なり、声の状態が正常でないことを音声障害というが、その症状はいろいろで、声の産生の障害（発声障害）と声の響きの障害（共鳴障害）に大別される。発声障害は、なんらかの理由で、肺からの呼気が十分ではなかったり、大声を出し続けるなど声帯に負担がかかって、ポリープや結節などができたりすることで生じる。声が全く出ない状態（失声症）もあれば、声がかすれたり、しゃがれたりする状態（嗄声）もある。

また共鳴障害としての鼻声には2種類あるが、まず閉鼻声は、鼻炎や扁桃肥大などから、鼻腔に出るはずの呼気が止められ、鼻の中で共鳴してしまい、鼻がつまったような声を意味する。そして開鼻声は、口蓋裂や鼻咽腔閉鎖不全症などから、呼気が鼻腔に流れて、過度な鼻腔共鳴が起こり、声が鼻に抜けてフガフガした状態になることをいう。

音声障害は、初めに声の特徴を細かく分析し、声帯の病変や異常を調べたり、鼻腔や口腔、咽頭などを検査したりして、障害の原因を明らかにしてから適切な対処方法を決定することになる。

5. 言語発達遅滞

言語発達遅滞とは、言葉を理解し話す能力が年齢的に見て遅れている状態をいう。例えば、3歳になっても言葉によるコミュニケーションが

ほとんど見られない場合は、明らかに言語発達遅滞があるとみなされる。その際、言葉の遅れのほかに問題があるかどうかを正確に把握する必要がある。というのは、言語発達遅滞の原因は多様で、背景として聴覚障害、知的障害、広汎性発達障害（自閉症）、あるいは不適切な言語環境などが考えられるからである。

　まず、子どもに著しい難聴がある場合、言葉を聞き取るのが困難なことから、当然言葉の発達に遅れを生じる。また補聴器を装用し言語訓練を受けても、聞こえづらさが多少残るため、語彙が増えにくく、さらに日本語の文法において、重要な意味を持つ助詞や接続詞などの聞き落としや聞き間違いから、話を理解し損ねるなど、言葉の理解面にも表出面にも影響を及ぼす。

　また知的障害に伴う言語発達遅滞では、言葉だけでなく他の発達領域においても同様に遅れが見られる。認知発達の弱さから、言語理解や構文力など言語機能そのものに支障を生じ、特に、あるものを象徴として見立てる力、つまり言語のシンボル化を理解することが難しく、抽象的な思考も困難となる。それゆえ、発達に関する全般的な障害と見るべきで、コミュニケーションを通して認知能力を高め、全体的な発達を促すことが重要である。

　そして、自閉症を核とした広汎性発達障害は、①対人関係の障害（社会性の障害）、②コミュニケーションの障害（言語機能の発達障害）、③イマジネーションの障害（こだわり行動と興味の偏りや固執性）という3つの特徴を持つ障害だが、たいていの場合、言葉によるコミュニケーションのみならず、表情や身ぶりなどの非言語的コミュニケーションにも困難を生じる。発話が全くないケースもあるが、言葉の特徴として、オウム返し（エコラリア）、CMや車内放送などの言葉の繰り返し、抑揚のない話し方、他者の感情や意図からずれた一方的な話し方などが挙げられる。もともと人とのやり取りが乏しく、発話がある場合でも機能的に言葉を使えないことが多いため、コミュニケーションの道具としての言葉

を身につけることが大切である。

　ときとして、難聴、知的障害、自閉症がないにもかかわらず、言語の発達のみが遅れることがあるが、これは特異的言語発達障害と呼ばれる。通常、受容言語と表出言語に分けられ、書字などの言語機能の一部分のみに障害が生じることもある。「聞く」と「話す」のどちらかのスキル、あるいは両方を集中的に伸ばすような言語訓練が効果的である。

　上記以外にも、言語が育ちにくい環境にいる場合、例えば、親や養育者からの言葉の刺激が極端に少なかったり、過保護だったりすると、言語の発達が遅れることがある。その場合は、言語環境の改善に焦点を置いた働きかけが優先される。

第3節　保育場面における指導と援助

1．言葉の発達の基礎づくり

　保育所や幼稚園には、さまざまな言葉の問題を抱える子どもが共に生活していることが珍しくないが、子どもの言葉の発達を促そうと、直接的に言葉を教えようとしても、なかなか成果が得られないことがある。それは、言葉が育つ土台がないか不安定な場合が多い。言葉の発達を支える土台が育っていなければ、むやみに言葉を言わせようとしても、言葉が伸びるとされる活動や教材を用意しても、子どもからの反応は弱く、ほとんど興味を見せないという結果になりかねない。

　大切なのは、人とのコミュニケーションに対する関心や意欲を高めるために、「言葉が通じ合う楽しさ」を体験できるような働きかけをすることである。まず保育者が可能な範囲で、子どもと1対1で関わる機会を持ち、子どもの心身の安定を図りながら信頼関係を築く。そして日常的

な保育活動を通して、子どもが周りの音や人の話し声に興味を持ち、人の言葉に耳を傾け、人と伝え合いたいという要求意識や意欲が育つように促すとよい。このように、人や身の回りの物事に対する興味や好奇心といった社会性の発達、また身体運動機能や感覚機能などの向上は、言葉の発達にとって重要な役割を担っている。

2. 言葉を育てる言葉かけと援助

　保育者は、子どもといっしょにいるときは、コミュニケーションの貴重な機会として、常に適切な言葉かけを心がけるべきだが、子どもの反応が乏しかったり、子どもと話が続かなかったりすると、言葉かけの頻度が自然に減ってしまうこともある。しかしそのようなときは、次のような例を参考にするとよい。

①動作に合わせて言葉を添える
（例）ボールを転がして遊びながら、「ボールをころころ転がすよ」
　　　クレヨンを箱にしまいながら、「クレヨンをお片づけします」
②子どもの要求を代弁する
（例）他児のおもちゃをかってに取ったとき、「おもちゃ、貸して」
　　　靴を自分でなかなか履けないとき、「先生、手伝って」
③子どもの思いや気持ちを代弁する
（例）ブランコに乗ってにこにこしているときに「ブランコ、楽しいな」
　　　積み木の城が壊れてしまったとき、「壊れちゃったぁ。悔しい！」
④自分自身の行動や気持ちを表現する
（例）給食を食べ終わって、「全部食べちゃった。おいしかった」
　　　ハサミを探しながら、「ハサミはどこかな。あ〜見つけた」
⑤言葉の間違いは、正しく直して言い返す
（例）「ゆーたんのでんた」という子どもに、「そうだね。ゆーちゃんの電車だね」と正しい音で応える。ただし、言い直しは控える。
　　　「おみじゅくださいなの」という子どもに、「『お水、ちょうだ

い』だね」と正しい表現で応える。
　⑥言葉の意味や言い方を広げて言い返す。
　（例）「ぶーぶ」と車を指差す子どもに、「ぶーぶだ。青い（大きい）
　　　ぶーぶだね」と色や形を加えて応える。
　　　「おしょと」という子どもに、「お外に行きたいね。お外でブラ
　　　ンコして遊びたいね」と具体的な行動を加えて応える。
　以上、子どもの発話が比較的限られている際の例を挙げたが、日常の
あらゆる場面で、言葉かけをいろいろ工夫することは、子どもがそれを
すぐに模倣したり、自発的に話したりするようにならなくても、豊かな
言語刺激を与えるという重要な役割を担っている。また話し言葉だけに
こだわらず、必要であれば、身ぶりやジェスチャー、写真や絵カードな
どを使って、その子どもに合ったコミュニケーションの手段を見いだし、
人と伝え合う喜びを経験させることが大切である。

3. 言葉を育てる子どもどうしの関わり

　言葉の障害があっても、日々の活動のほとんどは他児といっしょに参
加できるが、声をかけられてもあまり反応を示さない、また自分から積
極的に他児と関わろうとしないというような傾向があると、一人で過ご
すことが多くなる。その結果、他児とのやり取りを通して、自分の意思
や感情を表現したり、相手の気持ちに気づいたり、共感したりするとい
った経験が乏しくなる。通常、子どもは子どもどうしで遊びながら、
ときには我慢したり、自分の感情をコントロールしたりして、自分の考
えや気持ちを伝えることを学び、徐々にコミュニケーションのスキルや
良好な人間関係を築くスキルを培っていく。それゆえ保育者は、言葉の
障害のある子どもも日常的なやり取りから言葉や社会性を伸ばせるよう
に、子どもの輪に自然に加わるための配慮や援助を行う必要がある。
　中には、他児から「○○ちゃんは、ちゃんとしゃべらない」「何を
言っているのか分からない」などの声が上がることもあるかもしれない

が、その場合、保育者は、からかいやいじめの問題に発展しないように冷静に対応し、皆から理解や協力が得られるように努めるべきである。また、トラブルについては不公平感が生じないように、皆にとって納得のいく説明をする必要がある。

4. 家庭や関連機関との連携

　入園時にすでに障害が明らかな場合を除くと、幼児期は発達の個人差が大きいこともあり、「他児よりも言葉が遅い」と早くから懸念する保護者もいれば、「晩熟なだけ」とあまり気にかけない保護者もいるなど、保護者の意識はそれぞれ異なる。しかし、標準的な言葉の発達指標に合わせて、子どもの言葉を育てるために十分な働きかけをするには、保護者の理解や協力は不可欠である。

　まず保護者との信頼関係を基に、家庭における情報収集に努め、園での様子と合わせて整理し、子どもの言葉の発達、また言葉以外の発達について正確に把握すべきである。そして、そのうえで具体的な目標を決めて、園でも家庭でも適切に働きかけることが求められる。ただし、保育所や幼稚園では専門的な対応が難しいため、必要であれば、地域の保健センターや大学病院の言語外来などの専門機関を受診し、言語聴覚士などからきめ細かい指導や個別の聴能・言語訓練を受けることを勧めるのもよい。

【引用・参考文献】
　　毛束真知子『絵でわかる言語障害——言葉のメカニズムから対応まで』学研、2002年
　　笹沼澄子編『発達期言語コミュニケーション障害の新しい視点と介入理論』医学書院、2007年

佐竹恒夫・小寺富子・倉井成子編『言語聴覚士のための言語発達遅滞訓練ガイダンス』医学書院、2004年

中川信子監修『ことばの遅れのすべてがわかる本』（健康ライブラリーイラスト版）講談社、2006年

西村辨作編『ことばの障害入門』（入門コース・ことばの発達と障害2）大修館書店、2001年

藤田郁代『言語発達障害学』（標準言語聴覚障害学）医学書院、2010年

第 **8** 章

発達障害児の理解と援助

荻原はるみ

第1節　発達障害への対応

1. 発達障害の実態

　人との会話が成立しない、集中して活動に取り組めない、すぐにかんしゃくを起こす、マイペースで他児といっしょに遊べないなど、ちょっと気になる子どもたちへの対応に保育現場は四苦八苦しているということをよく聞く。文部科学省は、「児童生徒への教育的支援体制の整備のためのガイドライン（試案）」（2004年）の中で、「通常の学級に在籍する特別な教育的支援を必要とする児童生徒に関する全国調査」結果として、知的発達に遅れはないものの学習面か行動面に著しい困難を示す児童生徒が6.3%いるということを明らかにした。**図表1**のAは学習障害、Bは注意欠陥/多動性障害、Cは広汎性発達障害であり、これらの子どもたちを発達障害という。6.3%という数値から、40人学級で2～3人、30人

図表1　知的発達に遅れはないものの、学習面や行動面で著しい困難を示すと担任教師が回答した児童生徒の割合

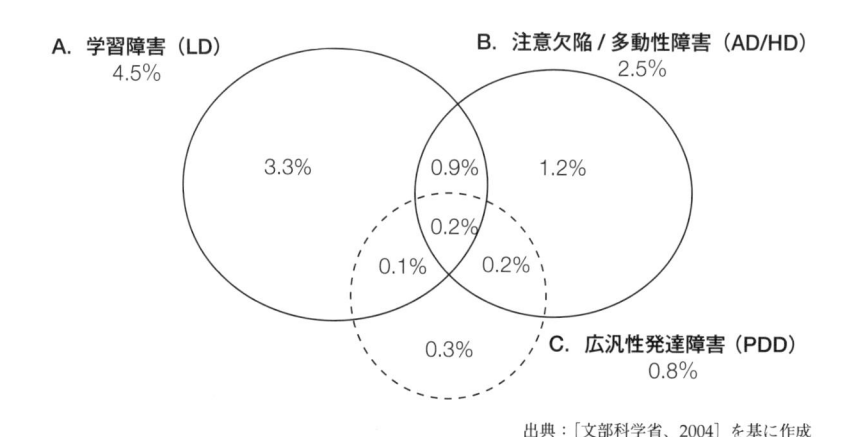

A. 学習障害（LD）　4.5%
B. 注意欠陥/多動性障害（AD/HD）　2.5%
C. 広汎性発達障害（PDD）　0.8%

- A のみ: 3.3%
- A ∩ B: 0.9%
- B のみ: 1.2%
- A ∩ B ∩ C: 0.2%
- A ∩ C: 0.1%
- B ∩ C: 0.2%
- C のみ: 0.3%

出典：［文部科学省、2004］を基に作成

学級では1〜2人の発達障害児が在籍している可能性があり、実際にはもっと多いと指摘する研究者もいる。本調査は小・中学校を対象としたものであるが、発達障害は小学校になってから突然発症するのではなく、乳幼児期からその兆候がうかがわれる。

2. 早期発見と適切な支援の重要性

　厚生労働省は、障害児支援の見直しに関する検討会報告（2008年）の中で、障害の早期発見・早期対応の取り組みの強化と、「気になる」という段階からの支援を掲げた。その中で、保健センターや地域子育て支援拠点などの親子が集まるところでの支援のほか、保育所等の日常生活の場での「気づき」による発見が大切であると述べている。すなわち、保育所・幼稚園は保育の場であると同時に障害等の発見の場にもなってきているということである。保育者の早期の「気づき」が大切である。

　そして、クラスで「気になる子ども」に気づくと、専門機関にかかり診断をもらってきてほしいと願うであろうが、「A君はAD/HDだから集中できないんだね」で終わらせてしまってはいけない。診断はレッテル貼りではない。診断の目的は、障害特性を理解し、その特性に合わせた子育て・保育・教育をどのようにしていけばよいのかを知る手がかりとするところにあり、診断は子ども理解の第一歩であることを忘れてはならない。

　本章で以下に取り上げてる子どもたちは、保育者の適切な対応により、「障害」と呼ばれる症状も「個性」と捉えられる可能性を秘めている。「障害」が「個性」として生かせるよう、保育者は子ども理解の確かな目を養い、適切な支援ができるよう力量を高めていってもらいたい。

第2節　広汎性発達障害

1. 広汎性発達障害の理解

　広汎性発達障害（Pervasive Developmental Disorders）は、**図表2**のように分類される。このような自閉症状は重度から軽度まで、また知的水準も、生涯言葉を話すことが難しい重度の遅滞から、非常に高い知能指数を示す人まで広範囲であり、それらの間にははっきりとした境界はなく虹のように境界が曖昧で連続的に組み合わされていることから、自閉症スペクトラム（Autism Spectrum Disorder：ASD）とも呼ばれる。

　以下の3つ行動特徴が3歳までに発現している場合、広汎性発達障害と診断される。

　①他者との社会的関係の形成が困難……視線や接近を回避する。名前を呼ばれても応答しない。笑い合う、悲しみ合うなど感情の共有が少ない。友達にあまり関心を示さない。他者の気持ちに共感しにくい。

図表2　広汎性発達障害の分類

診断名		症状の特徴	発達障害のレベル
自閉症スペクトラム	自閉症	社会性、コミュニケーション、想像力の障害を持っている	知的障害の重いものから知的障害のないもの（高機能自閉症）まで
	アスペルガー障害	社会性の障害と想像力の障害のみのグループ	知的障害なし
	非定型自閉症	診断基準に当てはまらない主として軽いグループ	軽度の知的障害から正常知能
レット症候群		0歳にて発症、足の硬直や手もみ行動、全て女児	最重度の知的障害
小児期崩壊性障害		幼児期に発症、言葉の消失と発達の退行を示す	重度の知的障害

出典：［発達障害者支援法ガイドブック編集委員会、2005］を基に作成

②全般的なコミュニケーションが苦手である……会話が苦手でかみ合わない。ジェスチャーによる意思伝達も苦手である。場面に関係のない独り言やエコラリアがある。言葉が達者なようでも一方的な話し方をし、会話が成立しにくい。場の雰囲気など状況の理解が困難。
③興味の限局や強いこだわり行動や常同行動がある……物を規則的に並べるなど規則的な遊びを好む。手順やものの配置にこだわる。ピョンピョン跳んだり、手を目の前でヒラヒラさせるなどの反復的行動がある。

しかし、これらの症状や状態像は個人差があり、また大きく変化することもある。例えば、入園当初は視線が合わなかったが、3学期になったら視線が合うようになったという話をよく聞く。これは担任との信頼関係が形成されてきたあかしであり、症状が軽減したと言える。

広汎性発達障害の原因は、先天性の脳の機能障害であるとされており、男女比は4〜5対1で男児のほうが多い。出現率は、1966年初期の研究では1万人に4.5人（英国）と報告されていた。しかし最近の研究では、欧米では100人に1人、わが国では100人に2人（2.1％：名古屋市2006、1.81％：豊田市2008）と言われており、決してまれな障害ではない。

2. 自閉症スペクトラム障害の子どもたちへの援助

(1) 信頼関係の形成

新奇場面が苦手な自閉症の子どもたちにとっては、入園後の園生活は不安の連続である。子どもにとって身近な存在である親や保育者が、安心感を与える「安全基地」になることが大切である。信頼感や安心感に支えられて探索が始まり、学習も進んでいく。例えば、彼らを運動会や生活発表会など初めての行事に参加させるときは、初めは信頼できる保育者のそばで観察できるよう配慮し、恐怖心が和らぎ、安心感と好奇心が芽生えてきたら、安全基地である保育者が付き添って少しずつ参加させていく。焦らずスモールステップで進めていくことがポイントである。

(2) 視覚的構造化

　視覚的構造化とは、時間の見通し、予定や手順などを写真や絵カード、文字などを使って視覚的に入力させることである。彼らの多くは、目からの情報に強いが、時間の見通しを持てないことや、言葉でのやり取りが苦手であるという特性を持っている。そのため、スケジュール表などで時間の流れや手順を視覚的に示す（時間の構造化）、場所と作業を1対1で固定し、何をするエリアなのかを分かるようにする（場所の構造化）、手順を絵カードや文字カードで示す（方法の構造化）など、特性を踏まえた支援を工夫することも有効である。

(3) 感覚過敏性を理解する

　特定の刺激に対して、感覚が非常に敏感、あるいは鈍いという子どももいる。聴覚が敏感なため、赤ちゃんの泣き声や踏み切り音が嫌いで耳ふさぎをしたり、複数の音の中で必要な音を聞き分けるのが難しかったりする。視覚に関しては、ある一定のものに視線を合わせるのが苦手で、視線がそれやすかったり、逆に合わせすぎてしまうこともある。また、嗅覚過敏のため、特定の匂いが苦手であったり、触覚過敏から、耳掃除や洗髪、爪切りなど身の回りの世話を嫌ったり、味覚の敏感さから、偏ったものしか食べない強い偏食を示す子もいる。偏食は味覚の敏感さだけが原因ではなく、触覚の過敏さから、熱い・冷たいにこだわっていたり、口の中に食べ物が触る触覚を嫌っていたり、見慣れないものに抵抗を示していたり、匂いを嫌っていたりすることもある。無理に食べ物を口へ突っ込むことは避け、一口だけ食べさせたり、おやつとの交換条件を設けたり、友達がおいしそうに食べているのを見せ興味を持たせるなど、焦らず、食事の時間が楽しくなるよう工夫することが大切である。

　感覚の敏感さに関しては、可能な限り不快な原因を探り、それを取り除く方向で対応したい。しかし取り除けない場合は、その刺激から遠ざけたり、楽しめる遊びで気分転換を図るのも一つの方法である。

第3節　注意欠陥/多動性障害

1. 注意欠陥/多動性障害（AD/HD）の理解

　AD/HDは、年齢や発達に比べて注意力に欠けたり、衝動性・多動性を特徴とする行動における障害で、それらの困難さによって社会的な活動や学業の機能に支障を来すものである。日本では、文部科学省（2003）が次のように定義している。

　　AD/HDとは、年齢あるいは発達に不釣り合いな注意力、及び/又は衝動性、多動性を特徴とする行動の障害で、社会的な活動や学業の機能に支障をきたすものである。また、7歳以前に現れ、その状態が継続し、中枢神経系に何らかの要因による機能不全があると推定される。

　アメリカ精神医学会によるDSM-Ⅳ-TRでは、注意欠陥/多動性障害（Attention Deficit/Hyperactivity Disorder）、ICD-10では多動性障害（Hyperkinetic Disorders）という診断カテゴリーが示されている。AD/HDの基本症状は、不注意、多動性・衝動性であり、それらの症状が7歳以前から見られ、学校と家庭など2カ所以上の状況において6カ月以上継続しており、著しい不適応を引き起こしている場合に診断される。原因は、前頭葉でドーパミンという神経伝達物質の働きの異常にあると推定されている。ドーパミンとは、ある精神活動をするとき、他の感覚刺激を抑制して一つのことに集中する働きを調整してくれるホルモンである。AD/HDの子どもたちはこのドーパミンの働きが弱く、周囲のさまざまな刺激に無差別に反応してしまうので、注意が散漫になったり集中力に欠けたりしてしまうのであり、決して本人の努力不足が原因ではない。また、親のしつ

けや生育環境が原因でもない。出現率は、各国の報告に多少の差はあるが、学童のおよそ3〜7%であると推測されている。文部科学省の全国調査（**図表1**）では2.5%と報告されており、男児に多く認められる。

2. 注意欠陥/多動性障害の子どもたちへの援助

　クラスに落ち着きのない子がいるとき、「AD/HDの診断がついているから、集中できなくてもしかたない」で終わらせてしまってはいけない。彼らの障害特徴を理解し、どのようにしたらクラスの活動に参加できるのかを工夫することが大切である。

(1) 言葉がけの工夫

　AD/HDの子どもたちは、不注意、多動性、衝動性といった行動特徴から、生活の中では逸脱行動や規則違反が目立ち、禁止や注意を受けることが多いが、彼らは大人以上にこうした言葉を強く受け止めている。したがって「またやってしまったの？　だめだな」というような否定的な言葉や、「○○してはいけません」といったような禁止で終わることは避け、「○○しましょう」など、どうしたらよいかをメリハリよく伝えることがポイントである。

(2) 自己肯定感を高める

　子どもが成し遂げた結果だけを褒めるのではなく、成果が出なかった場合であっても、努力している状態や過程を認めてあげることにより、少しずつ自信を育んでいける。また、彼らの得意とすること、良いところを見いだし、それを伸ばし、成功体験を持たせたい。一度失敗するとパニックになり、集団活動に参加できなくなってしまう子どももいるが、「失敗してもだいじょうぶ」という安心感を持たせること、また、必ずできそうな課題から挑戦させ、成功体験を積み重ねていくことによって、自己肯定感を高めていくことも大切である。

(3) 環境調整

　学習に関しては、視覚的にも聴覚的にも触覚的にも、なるべく気が散らないように環境を整える工夫も必要である。目の前に魅力的なものが散乱していれば、注意はそちらへ奪われてしまう。机の上には必要なものだけを出し、座席も壁画で飾られた壁側ではなく、保育者の声が届きやすく、不要な視覚刺激が入りにくい前の席にするとよい。また、やるべきことがいくつかあるときは、見通しが立てるようにそれらを紙に書き示し、何からやればよいか順番を決め、行動の「終わり」を示してあげると、安心して行動できるようになる。できたときにはシールを貼るなどし、達成度が視覚的に確認できるようするのも工夫の一つである。

第4節　学習障害

1．学習障害の理解

　学習障害（LD）とは、「基本的には全般的な知的発達に遅れはないが、聞く、話す、読む、書く、計算する又は推論する能力のうち特定のものの習得と使用に著しい困難を示す様々な状態を指すものである」［文部省、1999］。これは教育的用語としてのLearning Disabilitiesであり、医学的用語としては、アメリカ精神医学会によるDSM-Ⅳ-TRの中でLearning Disordersとして定義づけられており、読字障害、計算障害、書字表出障害の3項目と、特定不能の学習障害の判断基準が明記されている。

　学習障害の子どもたちは、文部省（現文部科学省）の定義にあるように、知的には遅れがないにもかかわらず、読む、書く、計算するなどの基礎的な学習能力のうち特定のものの習得と使用に著しい困難を示している。原因は脳の機能障害と推定されており、他の障害や育て方や教

育・保育といった環境要因が直接的な原因ではない。また本人の性格や怠けによるものでもない。出現率は、アメリカでLDを対象に教育支援を始めた1960年代は3〜5%と言われていたが、現在は10%を超えている。わが国においては、**図表1**で示した領域AがLDに該当しており、出現率4.5%と報告されており、発達障害の中でも最も多い。

学習障害の診断については、小学校入学以降にされるのが一般的であるが、保育所・幼稚園にはLD児がいないということではない。文字を読む、書く、計算するうえでの問題は小学校入学以降に明らかになってくるが、視覚認知、触覚認知、量的概念などの発達の偏りは幼児期から認められているはずである。箸やハサミを上手に使えない、線をまっすぐに引けない、目と手の共応がうまくいかないなど、保育の中で「ちょっと気になる子ども」として気づかれる子どもたちは、将来的にLDと診断される予備軍であることが多い。読み、書き、計算の基礎的な学習能力は、日々の生活のあらゆる場面で多くの経験を通して習得していくものであり、幼児期からの援助・支援が大切であると言えよう。

2. 学習障害の子どもたちへの援助

(1)「困り感」を理解した環境支援をする

学習障害の子どもたちは、学習場面や生活場面でさまざまな困難に直面している。例えば、国語の読みに関しては、行を飛ばして読んだり、文字を読み間違えてしまったりする。書くことに関しては、文字が整っていなかったり、マスからはみ出したり、行が曲がったりしてしまう。計算に関しては、繰り上がりが理解できなかったり、数字自体を読み間違えたりしてしまう。彼らは決して怠けているわけではなく、脳の機能障害のためうまくできず「困っている」のである。学習場面での援助の一例としては、まず授業のアウトラインを提示し、板書を分かりやすく工夫するなどの環境支援が挙げられる。必要な場合はノートティカー（学習内容記録補助者）を付ける場合もある。

(2) 指示や過程を明確に示す

　指示は明確にし、理解できているかを確認しながら課題を進めていく。工作においては、制作過程を図などを用いて分かりやすく提示し、完成品を見本として示しておくのもよい方法である。時間内にできない場合は時間を延長したり、結果がうまくいかなかったりきれいに完成しなかった場合でも、「はさみの持ち方、かっこ良かったね」など、がんばって取り組んだ過程を認めた声かけをすることが大切である。

(3) 生活場面で援助する

　食事・排泄・着脱衣などの基本的生活習慣の習得においても、目と手の共応がうまくいかず、御飯をこぼしてしまったり、ボタンをうまくかけられなかったり、ズボンを下げるのに時間がかかり排泄が間に合わなかったりとさまざまな場面で困難に直面している。失敗経験が積み重なると、やる気もなくなり、自己肯定感も育ちにくくなってしまう。基本的生活習慣の獲得に関しては、無理のない課題から丁寧にスモールステップ化し、楽しく取り組めるよう遊びの中に工夫して取り入れていくことが基本である。例えばボタンはめでは、マジックテープ留めから始め、手元を見ることを最初の課題とする。手元を見ることができるようになったら、大きなボタンの付いた服で真ん中のボタンを自分ではめ、次に下のボタン、最後に襟元のボタンに挑戦し、徐々にボタンの大きさを小さくして練習していく。また、手遊びや制作活動の中で、手先の運動や目と手の共応、一つのことに集中する力も育っていく。

(4) 二次障害を防ぐ対応

　一生懸命やっていてもうまくいかず非難されることが続くと、「どうせ、何をやってもだめだ」と自己評価が低くなり、攻撃、反抗、無気力、チックや指吸い、抜毛などの二次障害を招いてしまう。これらの症状は子どもの心が追い詰められているサインであり、家庭や専門機関との連

携をしっかり取り、対応していくことが大切である。できない点を叱責するのではなく、その子どもの得意分野や苦手分野を把握し、得意な面で苦手な面を補えるような工夫を考えたり、学習成果が分かりやすい課題を用いて、「できる・やれる」という意識を育てていくことも二次障害を防ぐための支援として大切な点である。障害を理解し、あるがままの子どもを受け止めていきたい。

【引用・参考文献】

井澤信三・小島道生編著『障害児心理入門』ミネルヴァ書房、2010年

伊藤健次編『新・障害のある子どもの保育〔第2版〕』（新時代の保育双書）みらい、2011年

厚生労働省「障害児支援の見直しに関する検討会報告書」2008年7月

成田朋子・大野木裕明・小平英志編著『保育実践を支える保育の心理学Ⅰ』福村出版、2011年

発達障害者支援法ガイドブック編集委員会編『発達障害者支援法ガイドブック』河出書房新社、2005年

平山諭編著『障害児保育』（保育士養成テキスト）ミネルヴァ書房、2008年

文部科学省「今後の特別支援教育の在り方について（最終報告）」2003年3月

文部科学省「小・中学校におけるLD、ADHD、高機能自閉症の児童生徒への教育支援体制の整備のためのガイドライン（試案）」2004年1月

文部省学習障害及びこれに類似する学習上の困難を有する児童生徒の指導方法に関する調査研究協力者会議「学習障害児に対する指導について（報告）」1999年7月

第9章

「気になる子ども」の理解と援助

青木 豊

第1節 「気になる子ども」とは？

　近年、保育所、幼稚園などで主に職員の方々の中で「気になる子ども」という言葉がよく聞かれるようになった。さらには、多くの保育テキストやいくつかの論文にも「気になる子ども」についての項目が設けられ、あるいは研究成果が報告されている。これら状況を見ると、この用語が実践の場で一定の有用性を持っていると推測できる。一方、それらテキストや論文に示された「気になる子ども」の概念には、統一性がほとんどないと言ってよい。実際、厚生労働省通知「指定保育士養成施設の指定及び運営基準について」(2010年7月22日)の障害児保育の内容には、「気になる子ども」についての項目は見いだせない。本章では、この概念上の問題についてまず明確にし、さらに「気になる子ども」の定義を提案する。次に、それら「気になる子ども」のうち、本書の他の章でカバーしていない「気になる子ども」たちの代表群を示し、その子たちに対する理解（評価）と保育の注意点について述べる。

1.「気になる子ども」の定義の困難性

　「気になる子ども」という言葉は、いうまでもないが日常用語である。保育現場で保育士が「気になる子ども」を指してこの用語が生まれたことは想像に難くない。この見地から、ここではまさにこの文脈からまず「気になる子ども」を以下のように仮に定義する。すなわち「定型発達児と比較して知能、認知、感情・社会、運動発達に問題が疑われ、そのため問題行動が気になる子どもと、家庭環境などに問題があり、今後上記の領域に問題を生じる恐れがあるため気をつけていないといけない子ども」とする。

　このように、まず仮の定義をする必要がある理由は、冒頭で述べたよ

うに、各々のテキストや論文で「気になる子ども」の概念に統一性がないためである。例えば、保育士を対象に行ったある調査研究でも、「気になる子ども」とは、軽度発達障害の特徴と類似していると結論づけている［池田ほか、2007］。一方、青木紀久代は、臨床像として①認知や行動などの発達の進度に関する気がかり、②集団生活を送るうえで周囲に迷惑をかけるなど、注意・衝動の統制に関する気がかり、③緊張が強くて友達と遊べないなど、対人関係に関する社会性の問題、④親の子どもへの関わり方や保育への関心の薄さなど家族環境、の4点を示しており、③④については必ずしも発達障害を示唆しておらず、養育環境上の問題に焦点が絞られている［青木、2003］。

　また野田淳子は、「気になる子ども」を複数の（リスク）要因が重なったときに、「気になる」「……行動パターンとして浮かび上がってくるのです。……」とし、次に「……『気になる』子どもの姿を『やりとりがうまくいかず、困っている』という子どものコミュニケーションの問題として、すなわち自分と相手の関係性の中で捉える視点です……」と限定している。すなわち、多くのリスクを背景に（発達障害のみではなく）広い範囲での保育者と子どものコミュニケーションに不ぐあいを生じている子どもを「気になる子ども」としているのである［野田、2011］。

　その他多くの研究では、保育者がどういう子どもの特徴が「気になるか」を調査している（例えば［玉井ほか、2011］［小枝、2010］）。これらから得られた所見は、保育実践上重要である。例えば、保育者はこういった行動的側面が気になる傾向が強いが、もし「気にならない子ども」にも精神障害などのリスクがあるとすれば、「気にならない子ども」にも保育者が目を配ることが、子どもの発達支援に意義があるとの重要な所見が得られるであろう。

　このように、ある著者は発達障害を前提に「気になる子ども」を考え、ある著者は家庭環境からの「情緒障害」にも焦点を当て、またある著者

は「保育者－子ども」の関係性の問題として捉えるなど、概念上の共有が得られていないのが実情である。したがって、学問的な用語として「気になる子ども」という概念を用いるのは、現時点では生産性が低いと言えよう。

　一方で、この用語がこれほど種々のテキストに登場し、学問的議論が学会誌にまで登場しているのは、この用語を用いることに一定の実践的意義があるためであると考えられる。その意義を以下に3点のみ挙げてみる。

　第1に、保育現場で問題のある子どもの支援の第1段階として、広く「気になる」かどうかという評価を用いることは、意義があると考えられる。その後にさらなる評価（場合によっては他機関と連携する。例えば、発達障害が疑われれば医療機関や療育機関など、家庭の問題が「気になる」とすれば児童相談所などとの連携）を進め、その子の支援が進むからである。

　第2の意義は、障害というスティグマやレッテルを、まだそれが不明なうちに与えないで済むという意義がある。この点と関連して「気になる」という用語を用いて、保育所内で、あるいは家族と話をすることがより容易となろう。

　この第2の意義は、より広く深い乳幼児精神保健における障害をめぐる問題につながっている。すなわち、乳幼児期における精神障害について言えば、発達障害の系列を除いては極端に研究が遅れているという現状がある。反応性愛着障害や外傷後ストレス障害を除いて、信頼性・妥当性の確立した障害がほぼないと言っていい状況なのである［青木、2009］。それゆえ、「気になる子ども」が発達障害に偏るのも致し方ないのかもしれない。また、科学的に妥当性のある診断が確立されてはいないため、いろいろな問題が想定される以上（実際、乳幼児精神医学の中で種々の障害が提案されており、その研究は進んでいる）、「気になる」としか言いようがないが、その子たちを支援のらち外に置くことはできない。

換言すれば、現時点ではいまだ確立されていない多くの「障害」をもカバーする支援が必要なのである。この観点が同用語を用いる第3の意義であると考えられる。

2. 本章で扱う「気になる子ども」

本章では「気になる子ども」をおおむね、環境因によりなにがしかの感情・社会的問題行動がある（ある人々はこれら子どもを"情緒障害"と呼んでいる）と疑われるか、これからそれら問題が現れるかもしれない子どもとして捉える。その理由は、おおよそ以下のとおりである。

上記の「気になる子ども」の仮の定義は、繰り返しになるが、障害かもしれない、あるいは診断基準にまでは当てはまらないが、それに近い問題を持っていると疑われる子どもを指している。そしてその障害とはすでに診断基準が確立している障害（発達障害やまだわが国では研究が著しく遅れている反応性愛着障害、外傷後ストレス障害）と、まだ診断基準の信頼性・妥当性の研究が不十分であったり、国際基準が確立されていない障害を指している。本書では、広汎性発達障害（あるいは自閉症スペクトラム障害）、注意欠陥/多動性障害（AD/HD）、知的障害、身体障害（これらの子どもも「気になる子ども」である）については、他の章がカバーしている。これら子どもたちは、基本的には子ども個人の脳を含む身体に器質的あるいは機能的問題がある子どもたちである。もちろん、そこから感情・社会的問題行動が発生する。一方で、環境が主な要因となり「気になる」行動を示している子どもたちがいる。

そこで本章では、全ての「気になる子ども」から他の章で書かれた子どもを差し引いた子ども、すなわち、主に環境因により「気になる」行動を示しているか、今後その疑いがある子どもを扱うのが適切であると思う。より具体的には、①反応性愛着障害、外傷後ストレス障害（PTSD）、選択的緘黙などの子ども、②そのほかの環境因による障害が疑われる子ども、③環境の側に心配があり、現在すでに「気になる」行

動があるか、あるいはこれからそれらが生じる心配がある子どもである。紙面に制限があるため、さらに絞って、軽症から重症に至る被虐待（この中に障害としては愛着障害が含まれる）とPTSDの子ども、選択的緘黙を中心に、以下で扱うこととする。

第2節　虐待を受けている子ども

　まず初めに指摘しておかなければならないことは、虐待であれ、ほかの障害であれ、評価も対応もできるだけ多くの職員が、ときにミーティングを行い、情報を交換しながら、まとまった形で保育方針を共有すべきであるということである。この節で扱う虐待については、とりわけこの組織化が求められる。支援・保育する側がチームで支え合いながら、問題に取り組むことが必須である。

(1) 評価：早期発見
　虐待への支援には、早期発見、早期介入が必須である。保育所・幼稚園はこの発見に大きく寄与できる機関の一つと言ってよい。なぜなら、虐待家族はその事実を自ら訴えない場合が多いが、保育所・幼稚園では日常的に子どもの身体状態・活動・精神状態と養育者との関係を観察できるからである。
　①**身体的サイン**
　・不自然な傷（身体的虐待による）：子どもが自然に転んだりして負う傷は、向こう脛、肘など体幹から遠い部分や突出した堅い部分に多い。一方、虐待による傷は、おなかや大腿の内側などが多い。また乳幼児の場合、長管骨（大腿骨などの長い骨）の骨折が虐待を疑わせる。火傷の場合、虐待によるものは境界が鮮明なものが多い。と

いうのも、偶然熱いものに触れた場合、反射的に身を引くため、境界が不鮮明になるからである。また、これら外傷が多発していれば、さらに疑わしさが増す。
・栄養状態や衛生状態（ネグレクト）：体重や身長の伸びが極端に悪かったり、不潔な服装・身体状況がしばしば見られたりすれば、ネグレクトを疑わなければならない。

上記のような不自然な傷や栄養状態について親に質問したときに、納得のいく説明がなされなければ、さらに疑いが強くなる。

②行動上の特徴

多動で人見知りがなく、誰にでもなれなれしく接触する子（反応性愛着障害・脱抑制型）、誰にも懐かない子（反応性愛着障害・抑制型）などに注意が必要である［青木、2008］。さらに、虐待により外傷後ストレス障害に陥っている子もいる（次節参照）。そのほか、特異的な種々の「問題行動」を示す。

③親子の関係

送り迎えの際に、親子の関係を観察することができる。親の側では、子どもに対する乱暴な扱いや言葉、暴力、無視などに注意が必要である。子どもの側では、母親が迎えに来ても帰るのを極端に嫌がる、おびえる、固まる、急に多動になるなどの不自然な行動が、虐待のサインである場合がある。また養育者といるとき、危険な行動を頻繁にしたり、養育者を過度に気遣ったり極端な服従を示す場合も注意を要する［青木、2008］。

これら①②③を総合的に見て、1人で判断せず、複数の職員で話し合い、評価を深める必要がある。

（2）とりあえずの対応

もし、上記の観察から虐待が疑われれば、園長にも報告し、地域の虐待対応機関に通報しなければならない。これは、児童虐待防止法に義務づけられている。もし虐待がなかったとしたら、通報されることは親に

とって喜ばしい状態ではないが、それを恐れて虐待を見逃してしまうほうが、より深刻である。そしてもし虐待が明瞭になれば、児童相談所や医療機関などと連携をとって、保育所・幼稚園が行える役割を明確化しなければならない。

(3) 子どもへの対応

　基本は、定型発達児よりも手をかけ、特にその子どもが苦痛を感じているとき（けんかして泣いているとき、倒れてけがをしたとき）などに、十分に身体的にも情緒的にも慰めることである。虐待された子どもは愛着にゆがみを持っているが、保育士・幼稚園教諭のこれらの対応が、その時点でも将来的にも、子どもの心の発達に良い影響を与えることができる。

(4) 親への対応

　虐待する親は、多くのストレスに押しつぶされている場合が多い。もちろん、専門的なアプローチを保育士・幼稚園教諭が行うことは容易なことではないが、養育者を「悪者」とせず、支持的に関わり続けることが肝要である。そういうアプローチから、養育者の支援が進む場合もある。保育士・幼稚園教諭が、特定の子どもの家庭環境が虐待に近いと評価していれば、子どもが上記のような問題行動を示していない場合でも、家庭環境と子どもの行動についての注意深いモニターが必要である。

第3節　外傷後ストレス障害の子ども

(1) 評価：診断基準

　外傷後ストレス障害（以下、PTSD：Post-traumatic Stress Disorder）に

図表1　PTSDの診断基準

```
A. 自分あるいは他人の身体の保全に迫る危機を体験または目撃
B. 再体験症状（1つ以上）
   1. 反復的・侵入的想起：外傷後遊び：再演遊び
   2. 悪夢
   3. 行動としてのフラッシュバックまたは解離
   4. 外傷を思い出させるものに暴露したときの苦痛
C. 回避・反応性麻痺症状（1つ以上）
   1. 外傷を思い出させる活動・場所・人物の回避
   2. 遊びの制限
   3. 社会的引きこもり
   4. 感情の範囲の縮小
   5. 退行
D. 過覚醒症状（2つ以上）
   1. 夜驚症、夢中遊行、入眠障害
   2. 易刺激性、怒りの爆発
   3. 集中困難
   4. 過度の警戒心
   5. 過剰な驚愕反応
E. 1カ月以上症状が持続する
```

出典：[Scheeringa et. al., 2005] を基に作成

おける外傷とは、生命に危険を感じるほどの体験（いわゆる純粋な精神的なストレスではない）を自身がするか、それを身近で見ることを指す。そして外傷後に種々の症状が出現し、1カ月を超えてもそれが消えない場合、外傷後ストレス障害と診断される（**図表1**）。外傷の内容としては、災害（今般の東日本大震災もその代表である）、交通事故、虐待、親間の暴力の目撃、大手術などが含まれる。

(2) とりあえずの対応

　虐待（親間の暴力の目撃も含まれる）の場合は、前節の虐待に準じる。そのほかのケースでは、自然治癒が必ずしも容易でないことから、専門機関（児童精神科医や児童心理士のいる施設）で治療を受けることが望ましい。そのための親への対応は以下に記す。できれば、それら治療者と連絡をとり、保育士・幼稚園教諭が行えることを話し合うことが重要となろう。

(3) 子どもへの対応

　まずは、子どもの示す問題行動をPTSDの症状として理解することが重要である。例えば、過覚醒症状群として攻撃的になり、他の子に乱暴することが増えるかもしれない。もちろん、それは推奨されるべきものではないが、本人にも苦痛な症状であることを理解し、穏やかにいさめたり、年長の子であれば症状として分かりやすく説明してあげることも行ってよい。

　園で起こる個々の症状についてどのように対応するかについてはケース・バイ・ケースである。園にいること、保育者といることが安全であることを子どもに感じさせることが基本方針である。ある子は、外傷を思い起こす刺激に触れて、フラッシュバックしてパニックに陥るかもしれない。そういうときは、しっかり抱き締めるなり、そばに寄り添うなりして、ここでは何も怖いことがないことを穏やかに伝える必要がある。

(4) 親への対応

　いくつかのポイントがある。第1は、すでに述べたように、専門機関に来談するよう勧めることである。この場合も、種々の問題が生じる場合がある。

　虐待によるPTSDが疑われる場合は、親にも勧めてもよいが、地域の虐待通報機関への通報は必須である。また虐待でない場合も、親が来談することをためらう場合が多い。それにはいくつかの原因がある。1つは一般的なもので、子どもが精神疾患・障害に陥っているということを受け入れる困難さから生じる。

　また、PTSDの特異的なものとして、養育者も同時に外傷を受けていることが多く（例えば、同じ車に乗っていて、交通事故に遭った場合がそうである）、ときには養育者もPTSDを発症している場合がある。こういったケースでは、養育者自身が外傷を思い出すことが恐ろしいため、子どもの症状に対応できなかったり、外傷を思い出す可能性が増すとの恐れ

から専門機関に行くことを避ける場合もある。こういったケースでも、養育者への理解と、子どもの心の発達に対する客観的な見通し（PTSDが持続することは、特に乳幼児期の場合、脳に広範な障害を残す可能性が多くの研究により指摘されている［DSM-Ⅳ Prelude Project］）を伝える必要があろう。

第4節　選択的緘黙などの子ども

1．選択的緘黙

(1) 評価

選択的緘黙は、ある状況・場所では子どもがほとんど話さないという特徴を持つ。例えば、家では普通に家人と話しているにもかかわらず、保育所・幼稚園では全くと言っていいほど、沈黙している場合などである。発生率は多くないが、保育者にとっては困難な問題である。

(2) とりあえずの対応

慌てずに、本人や親を通して、このような問題がどのような背景から来るのかをゆっくりと考えていく。幸い、予後の良い疾患であり、多くはどこかの時点で話すようになる。

(3) 子どもへの対応

話すことを強制せず、非言語的交流をゆっくりと図ることが望ましい。例えば、いっしょに制作をしたりする。そして終わった後に、楽しかったことを伝えるなど非言語的な領域で陽性の交流を増やすよう試みる。

(4) 親への対応

すでに記したが、親にこの状態を伝え、何がその子の状態を生み出しているのかを焦らず考えることが重要である。かなり長引くようであれば、専門機関の利用も親と相談していく必要がある。

2. それ以外のいわゆる情緒障害が疑われる子どもたち

原因は不明確であるが、感情・社会的な問題行動を起こしているために、保育者が「気になり」、上記の虐待、PTSD、選択的緘黙などには該当しないように思える子たちである。これらの子どもたちの中には、養育の困難・不安や両親の不和から、「気になる」行動を起こす子もいれば、気質（持って生まれた性質）から、「気になる子ども」とされる子もあろう。もちろんその背景を追求することが重要であるが、それが分からないことも往々にしてある。そういった場合にも、後に問題が明確化してくることがあるため、しっかりとモニターしていく必要がある。

モニターしている過程で、それぞれの「気になる行動」に対しての対応が求められる。例えば、友達の中に入っていくのが困難な子には、まずその子にとって安全な関係を保育者が作ったうえで、ゆっくりと慌てず保育者が安全基地となって、段階的に集団に誘導していく必要があろう。あるいは、やや多動で乱暴な子には、しっかりとしたしつけに加え、その子の良い面を十分にその子とその親に伝える必要があろう。また、他児の保護者の理解を得る努力をする必要もある。

「気になる子ども」は、学問上の定義の困難な子どもたちであるが、現時点ではとりあえずそう評価することで、その子たちの発達の支援にとって有意義な面が多い。またこの章に取り上げた「気になる子ども」は、環境因が主なものであるために、特に背景の評価が強調されなければならない。また、虐待などは、法的な理解や他機関との連携が重要である。個々の子どもを丁寧にその背景も含めて理解し、保育することが

「気になる子ども」においても大切であることを強調したい。

【引用・参考文献】

青木紀久代「保育における気になる子どもたちへの対応をめぐって」『保育の友』51（13）、全国社会福祉協議会出版部、2003年、pp.24-28

青木豊「アタッチメントの問題とアタッチメント障害」『子どもの虐待とネグレクト』10（3）、金剛出版、2008年、pp.285-296

青木豊「子どもの心の診療に関する診療体制確保、専門的人材養成に関する研究」（平成20年度総合・分担研究報告書：厚生労働科学研究費補助金子ども家庭総合研究事業）、2009年、pp.305-324

池田友美・郷間英世・川崎友絵・山崎千裕・武藤葉子・尾川瑞季・永井利三郎・牛尾禮子「保育所における気になる子どもの特徴と保育上の問題点に関する調査研究」『小児保健研究』66（6）、日本小児保健協会、2007年、pp.815-820

小枝達也「気になる子どものこころを育む：幼児期から学校へ」『小児保健研究』69（2）、日本小児保健協会、2010年3月、pp.240-243

玉井ふみ・堀江真由美・寺脇希・村松文美「就学前における『気になる子ども』の行動特性に関する検討」『人間と科学』11（1）、県立広島大学保健福祉学部、2011年3月、pp.103-112

野田淳子「なんとなく気になる子」遠藤利彦・佐久間路子・徳田治子・野田淳子『乳幼児のこころ——子育ち・子育ての発達心理学』（有斐閣アルマ）有斐閣、2011年、pp.271-295

DSM-Ⅳ Prelude Project（米国精神医学会公式サイト）http://dsm5.org/index.cfm

M. Scheeringa, C. Zeanah, L. Myers, et al., "Predictive validity in a prospective follow-up of PTSD in preschool children", *Journal of the*

American Academy of Child and Adolescent Psychiatry, 44, 2005, pp.899-906

第10章
集団活動・生活習慣の援助

寺島　明子

第1節　障害のある子どもへの基本姿勢

　最近、保育所や幼稚園に行くと「落ち着きのない」子どもたちの姿を以前より見かけることが多くなった。このことについて保育者は、「落ち着きのない」子どもは、20人に1人くらいはいると話してくれる。その子どもたちにも、障害児と認定されている子と、認定されていない子がいる。認定されていれば補助金が国や県あるいは市町村から出ており、加配保育士が1対1または1対2で障害児を担当することができる。

　保育所保育指針と幼稚園教育要領では、障害や発達上の課題が見られる子どもの支援に当たっては、集団の中で生活することを通して全体的な発達を促していくようにすること、そのためには保育者は家庭や市町村、関係機関と連携をしつつ、子ども一人ひとりに合った支援計画を個別に作成し保育を行うことが示されている。つまり、障害や発達上の課題が見られる子どもへの支援は、保育者の適切な環境構成と関わりの仕方で、健やかな発達を促していくようにするということである。

1. ノーマライゼーション

　保育所や幼稚園において障害児保育が受け入れられるようになったのは1970年代からで、その後、1980年代に入り急に増加した。それまでは、障害を持った人の多くは外出することはほとんどなく、自宅の中に閉じ込められた生活を余儀なくされていた。障害児（者）に対する権利や人権などの保障をすることなどなかったのである。

　つまり、障害があることを理由に、その権利や人権などが満たされず、人としての尊厳が保たれていない状況に対して、「障害児（者）を排除するのではなく、健常者と均等に当たり前に生活できるような社会こそがノーマルな社会である」という考え方である。こうした社会環境や人

的環境を具現化するための取り組みを、ノーマライゼーション（normalization）という。この概念はデンマークのバンク-ミケルセン（N. E. Bank-Mikkelsen, 1919～1990）により提唱され、スウェーデンのベングト・ニィリエ（B. Nirje, 1924～2006）により世界中に広められた。

2. インクルーシブ保育

　わが国の教育や保育の分野では、インテグレーション（integration）という用語が統合教育や統合保育という意味で使用されている。このインテグレーションの概念は、子どもを健常児と障害児とに二分し、障害児を対象に、健常児に参入させようとしたものである。しかしそれは、両者をただ単に合流させて教育や保育を展開すればよいという楽観的なものではない。そのことに対して、インクルージョン（inclusion）は、障害を持っているとかいないとかではなく、あらゆる子どもを包み込み（包括）ながら教育や保育を行うということである。

　インクルージョンは、1994年のサラマンカ声明によって提言された。そのとき、「障害児」のための特別学校や通常学校に「特別なニーズを持った子ども」の特別学級が設定された。わが国においても、このときには盲学校・聾学校・養護学校という特別学校では特殊教育が行われていた。現在は通常学校において学習障害、注意欠陥/多動性障害、高機能自閉症などの「特別なニーズを持ったこども」の特別支援教育のあり方が重視されてきている。

3. 特殊教育から特別支援教育への転換

　障害のある子どもの教育は、長い間「特殊教育」と呼ばれてきた。つまり、特殊教育は、盲学校・盲学校・養護学校という特定の場で行う教育であった。

　近年は、「特殊教育」に代わる「特別支援教育」という名称が使われている。文部科学省は「今後の特別支援教育の在り方について（最終報

告)」(2003年)で、従来の特殊教育の対象の障害だけでなく、LD(学習障害)、AD/HD(注意欠陥/多動性障害)、高機能自閉症を含めて障害のある児童・生徒の自立や社会参加に向けて、その一人ひとりの教育的ニーズを把握して、その持てる力を高め、生活や学習上の困難を改善または克服するために適切な教育や指導を通じて必要な支援を行うものと説明している。

特別支援教育の柱は、個別の教育支援計画を立案することである。その内容は、障害のある人を生涯にわたって支援していくための計画になっている。つまり、長期的な視点で教育支援を進める目的で、「個別の教育支援計画」が作成されることになった。また転学・進学・卒業によって途切れることのない、継続した支援が可能となったのである。

特殊教育では、指導者の障害児への働きかけに対して、子どもがどのように変化したのかといった子どもの成長や発達の「変化」や「改善」に重点が置かれていた。それに対して特別支援教育では、指導者が子どもに寄り添いながら、子どもが指導者の働きかけで行動できなかったとすれば、指導者の支援方法が間違っていたと考えて、再度子どもに合った働きかけをするということである。

4. 個別への対応

障害を持っている子ども一人ひとりに対する個別の対応とは、一人ひとりに合った教育支援をするということである。保育者は乳幼児期の特性に合わせ、年齢や月齢の差に対応しながら保育を提供しなければならない。その意味において、多様な子どもを指導する場合、集団指導だけで対応すればよいというわけではない。

上記のように、保育者は、インクルージョンの考え方から一人ひとりに合った教育や保育ニーズに配慮する必要がある。つまり、大切なのは、集団指導や個別指導といった形態の特質を十分に生かしていかなければならない、ということである。

第2節　遊びと集団活動の援助

「子どもにとって遊びは生活そのものである」とよく言われる。子どもの遊びは、例えばそこにボールが転がっていたら、子どもは、そのボールから発する「このボールで遊んでほしい」という思いをくみ取りながら、子ども自らボールを拾い転がしてみたり、投げてみたり、蹴飛ばしたりして遊び出すのである。このような子どもの一連の流れには、大人のようになんらかの目的を持って行動するのではなく、ただ遊びたいから遊ぶのであり、そこには何の目的もないのである。

このことについて幼稚園教育要領の「第1章　総則」には、「幼児の自発的な活動としての遊びは、心身の調和のとれた発達の基礎を培う重要な学習であることを考慮して、遊びを通しての指導を中心として第2章に示すねらいが総合的に達成されるようにすること」と記載されている。

つまり子どもの遊びの特徴は、①自由な活動、②自発的な活動、③自己目的的な活動、④楽しさと緊張感を伴う活動、の4つである。

1. 個と集団の関係性

保育所や幼稚園では、保育者が子どもを成長・発達させるのに、個別活動と集団活動を子どもの状態に合わせながらどちらかを選択し、保育を行っていく。

「個別活動」は、一人ひとりの子どもが集団の中で孤立しているのではなく、子どもの発達段階として必然的に出現する状態であり、子どもは一人で遊びながら自分なりの充実感や達成感を味わっているのである。一方「集団活動」は、さまざまな子どもが集まって一人ひとりが「みんなで」という意識をお互いに持ちつつ、自分なりのやり方で思いを表現し、充実感や達成感を味わうことができることである。

子どもの発達過程を捉えたときに、子どもは保育者との信頼関係を構築できた後に、友達どうしで関わり、遊ぶことができるようになる。このことを踏まえて、子どもと保育者との信頼関係を形成する必要がある。幼稚園教育要領でも「教師は幼児との信頼関係を十分に築き、幼児と共によりよい教育環境を創造するように努めるものとする」（第1章第1）と記述されている。

　保育者は保育所や幼稚園では、個別活動と集団活動を最大限に活用しながら子どもを成長・発達させていくことである。

　子どもが育っていく形態として、以下の3つがある。

　①子どもは、環境を通して遊びながら育っていく。

　②子どもは、自分のそばにいる者をモデルとして育っていく。

　③子どもは、自らを育ててくれる者に関わってほしいことを発信しつつ、応答されながら育っていく。

2. 集団活動援助

(1) ルーティンワーク

　保育所や幼稚園では、障害や発達に問題を来している子どもの援助は、一人ひとりの子どもの状態に応じながら、保育者が1対1で対応する場合と1対2で対応する場合とがある。

　保育所や幼稚園の活動の多くは、ルーティンワークが多い。ルーティンワークとは、保育の中で日々繰り返される決まった活動のことを指す。多くの保育所や幼稚園で行われている活動は、ほぼ同じような活動で、ルーティンワークであることが多い。それは、朝の登園、朝の会、一斉活動、昼食、午睡、おやつ、帰りの会などで、ほぼ毎日同じ形態で繰り返されるものである。また朝の登園の中でも、自分の履いてきた靴を靴箱に入れる、手拭きタオルを掛ける、カバンをロッカーに置く、連絡帳を出しておく、出席帳にシールを貼る、自由な活動をする、といった行動の決まった一定の形式のことを指すこともある。

保育所や幼稚園の活動は、小学校以上の教育課程のように教科別のカリキュラムで編成されているわけではない。保育所や幼稚園における教育課程や保育課程には、乳幼児期という特徴を考慮し、教育や保育を5領域に分けて各々のねらいや保育内容が記載されており、それに従い教育や保育を展開するとされている。

(2) 障害児の援助
　障害児への援助は、以下のように行うことが望ましい。
　①加配保育者と、既存クラス担当者を決めておく（障害児担当者は、加配保育者1名と、既存クラス保育者1名の計2名）。
　②障害児が保育所や幼稚園に入園してくる前に、障害の症状名や状態を把握しておく。
　③①を考慮しながら、障害児と健常児の指導計画を立案しておく。
　④加配保育者と既存クラス保育者から、障害児を含めた援助内容を全保育者に伝え、全園で障害児を援助していく。
　⑤①〜④までの一連の流れを保護者に伝え理解してもらい、園側と保護者が連携を密に取りながら援助をしていく。
　保育者と子どもたちが初めて会うのは入園時で、子どもたちの状態を見てクラスの指導計画を立案する。クラス編成が健常児と障害児の合同の保育を統合保育といい、健常児と障害児が共に育っていくことができるクラス運営の指導計画を立案することが必要である。それには、保育を行う保育者の人数と、障害児を取り巻く子どもたちの人的環境と、子どもたちをよりよく成長・発達させてくれる物的環境を想定しながら立案することが大切である。
　障害児保育は、今まで特殊教育の考え方を中心にして、どのように指導したらどのように成長・発達したか、ということに着眼点が置かれていた。しかし、現在は特別支援教育に移行し、保育者が指導するということではなく、一人ひとりの必要に応じて子ども自らが進んで活動でき

る方法を支援するのである。例えば、みんなといっしょにドッジボールをしたが、発達に課題のある子はなかなかルールを理解できない。その場合「どうしてこの子はルールが分からないのか」ではなく、保育者は「障害児に対してルールの伝え方が悪かったのか」というように考え、子どもを援助していくことが重要である。

(3) 既存クラス保育者と加配保育者

　現在の保育所や幼稚園のクラス編成では、健常児と障害児の統合保育でクラスを組み、両者を成長・発達させたいという願いをクラス運営に掲げている園が多くなっている。具体的には、健常児の担当保育者を1名にし、障害児を担当する加配保育者を1名にしている園が多いようである。また、加配保育者は園によって、障害児と認定されていなくても、発達の課題のある子どもが保育者の個別な保育を必要としている場合には、加配保育者を付けている場合もある。

　クラス担任と加配保育者の関係において、両者の保育方法が一致していることが望ましい。しかし、スムーズに運ばない可能性もあるので、障害児保育を実践していく園では、既存クラス保育者と加配保育者だけの保育集団だけでなく、チーム保育が必要になってくる。また、既存クラス保育者は健常児の担任で、加配保育者は障害児の担当というように担当を分けてしまうのも、子どもたちにとっては良くない。加配保育者は障害児の子どもの担任であると同時に、既存のクラスつまり健常児の子どもの担任でもあることを子どもたちに意識させることも必要である。このように既存のクラス保育者と加配保育者は2人で協力しながら障害児保育を展開していくことが大切である。

(4) チーム保育

　チーム保育は、障害児を担当する加配保育者と既存クラス保育者の2人だけでなく、他の保育者も交えて保育を行うことが適切である。現在、

保育所や幼稚園の現場では、市町村内全体の障害児保育研究会によるチーム保育として活動しているところもある。障害児を保育していくとき、既存クラス保育者と加配保育者がクラス運営を掲げて保育をしても、チーム保育ほどの効果は望めない。それは、既存クラス保育者と加配保育者が子どもたちの状況の見取り違いをした場合、その結果として指導方法の違いによるずれやゆがみなどが出てくるからである。そのことを未然に防ぐには、チーム保育を意図的に作って保育をしていくことが大切である。

さらに障害児保育は、既存クラス保育者と加配保育者ばかりでなく、園全体として保育をしていくことが、園の保育目標を達成できることに通じる大切なことである。

第3節　基本的生活習慣の援助

「生活習慣」とは、日々の暮らしの中で習慣となっている生活行為のことである。例えば、朝御飯の前に散歩する、夜は9時に眠る、などである。このような生活習慣の中で、毎日繰り返し行う生活習慣のことを「基本的生活習慣」と呼び、主に食事、排泄、睡眠、着脱衣、清潔の5つの項目がある。以下、基本的生活習慣を身につけるための具体的な方法を述べていくことにする。

1. 生活習慣の獲得

生活習慣を獲得するのには3つの意義がある。

第1は、生活習慣の獲得が保育所や幼稚園の生活をスムーズにしたり豊かにしたりする。生活習慣として必要な行為は、活動と活動の切れ目に存在することが多い。例えば、外から帰ってきて食事の準備をすると

きに、その間に手洗い、うがいをするという行為が必要になってくる。また、食事が終わって次の遊びを始めるときに、その間には歯磨きという行為が必要になってくる。

　第2に、生活習慣は、子どもたちの自立を手に入れることにもつながる。生活習慣の獲得とは、必要な場合に応じて自分の行動をコントロールすることでもある。例えば、汗をかいて気持ちが悪ければ着替えるなど。自立とは本来人から言われて行うものではない。しかし、手の指の操作が未発達で、脱ぎ着が上手にできないときには支援者の力を借りる。着替えることの気持ちの良さ、手を洗うことによるさっぱりした感覚は、支援者の丁寧な関わりによって得られるものである。そしてやがて、自分で決め、自分で行動した結果、快適な感覚が得られたという感覚は、自分に対する自信を深めることにもなる。

　第3に、保育所や幼稚園で身につけた生活習慣は、これから子どもたちが社会で生きていくうえでの基礎となる。

2. 心の安定と生活習慣

　生活習慣は、子どもに自然に身につくものではない。子どもは周りの様子を見て学習したり、大人の関わりによって学んでいくのである。子どもが何かを学び取ることができるためには、心が安定していることがとても大切になってくる。いくら教えてもらっても身につかなかったり、自分のこととして受け止められなかったりする子どもには、心の余裕がない場合がある。その子どもの言葉にならない不安や心配に思いをはせて、保育所や幼稚園の中で安心して落ち着いて生活していけるようにすることが、その子どもにとって一番に取り組まなければならないことになる。

　保育所や幼稚園の生活は大きく分けて、遊び（余暇時間）と生活場面から成る。生活場面での様子を受けて、遊びの場面で十分に自己発揮できる場面を作ることが大切である。逆に、生活場面での自信が、遊びの

場面での積極性につながることもある。

　生活習慣の獲得は幼児期を通して大きな課題になるが、獲得されることが優先されるあまり、子どもの実態を見失わないようにしなければならない。保育所や幼稚園の生活全般を見渡し、今この子どもにとって何が課題となり、何を大切にしなければならないのかを考えていくことが、やがては生活習慣の獲得につながっていく。

3. 保育所や幼稚園の生活習慣

　保育所や幼稚園だからこそ生活習慣が獲得しやすいという場面も持っている。保育所や幼稚園の生活の特徴を考えてみよう。

　1つは、保育所や幼稚園でいっしょに過ごす仲間の存在がよいモデルとなる。例えば、マイペースにしかできない子どもでも、周りの子どもたちが目に入り出すと、みんなに合わせようとするようになる。気の進まないことも、みんなといっしょに取り組めば楽しいこととなり、習慣づいてくる場合もある。生活習慣の獲得は個の力となることだが、その獲得には仲間の存在が大きな役割を果たしている。

　2つは、生活習慣が保育所や幼稚園の生活の中で毎日決まって繰り返されているという点である。子どもたちは毎日決まった時間に、順序よく繰り返されることで見通しが持ちやすくなり、取り組みやすくなる。繰り返しの中で、支援者に丁寧に指導されることで、生活習慣は獲得しやすくなる。

4. 生活習慣の獲得と発達

　身につける生活習慣の内容によっては、手指の発達を育てなければならない。例えば、着脱のためのボタン掛け、はしの使い方など、手先に力が入り、細かいものをつかめるようにならなければなかなか難しい。子どもたちの手先、身体面での発達状況と照らし合わせながら、今の段階で獲得すべき生活習慣を導入していくことが獲得の第一歩である。

また、手洗いや片づけなど、日々の生活の流れの中で習慣化していくものは、必要感を得ていることが大切になる。

　必要感を得るためには、ある程度の先の見通しを持てる力が必要である。例えば、うがいをすることで風をひかなくなる、片づけをすることで次の活動に気持ち良く移れる、汗で濡れた服を着替えることで体がさっぱりして気持ちが良いなど、今取り組んでいる活動が、先のどのような事柄と結びついているのか予想できるようになると、習慣として身につきやすくなる。さらに、生活習慣に取り組めたことで、自分の生活が過ごしやすくなったり、他人から認められるようになったりする経験が、その子どもにとっての自信となり、自分で自分の生活をコントロールしているという実感を持ち、新たな活動に自信を持って取り組めるようになる。生活習慣は、自分自身の必要感から獲得していくが、やがて周囲にとっての必要感まで視野を広げて捉えられるようになると、自分が取り組んでいることにさらに自信を持つことができる。

　例えば、こぼさないように食べるといっしょに食べている人が気持ち良いこと、トイレを使った後スリッパをそろえることが後で使う人にとって役立つことなど、自分の作法によって、共に生活する人が気持ち良く過ごすことができるという実感は子どもたちの力になる。

　障害や発達に課題のある子どもたちには、保育者が伝えたいことや、やらなくてはならないことを言葉で援助するよりも、写真、絵、文字で提供するとよい。つまり、このような子どもたちは、耳から聞く言葉より、目から入ってくる情報のほうが理解しやすいことが多いからである。

【引用・参考文献】
　　日本保育協会編『保育所保育指針の解説』日本保育協会、2008年
　　文部科学省『幼稚園教育指導要領解説』フレーベル館、2008年

第11章
保育計画の作成と協働

吉川　和幸

第1節 クラス全体の保育計画の作成

　新学期を迎えるに当たって、保育者は自分の担当するクラスの保育計画を立案する。保育所や幼稚園には、自園の保育方針を定めた教育課程や保育計画があり、保育者はそれに基づいて、受け持つクラスの子どもたちのその年の保育の内容を計画する。それは年間の保育計画や学級経営案と呼ばれるものであり、年間の保育計画の内容を、子どもの育ちの姿や季節、行事などに基づいて、月ごと、週ごとあるいは日ごとに、より詳細に記したものが、いわゆる月案や週案、日案と呼ばれるものである。

　障害のある子どもが在籍するクラスを担当することになり、クラスの保育計画を立案することになったとき、どのような視点を持つことが大切であろうか。

1. クラス全体の保育計画を作成する際の基本的な視点

　障害のある子どもがクラスに在籍すると、保育者はクラス全体の保育とは別に、その子に合わせた特別な指導や個別指導の時間を設定しなくてはと思うかもしれない。だが、保育所や幼稚園は、遊びを中心とした活動を通して、健常の子どもも障害のある子どももいっしょに育ち合うことが基本である。障害のある子どもばかりに保育者の意識が向いていては、クラス全体の活動に目を向けることが難しい。「その子だけの何か特別なことを」という意識を強く持ちすぎず、全ての子どもたちを含む日常の保育活動の中で実行可能な支援は何かということを考えることが大切である。障害のある子どもへの支援ありきの保育計画となってしまい、クラス全体としての育ちへの視点が弱くならないように留意したい。

2. クラス全体の保育計画の中での障害のある子どもへの支援

　クラス全体の保育計画の中で、障害のある子どもへの支援を考える際に大事な視点は何であろうか。

　第1に、障害のある子どもの目標を、クラス全体の保育目標というフィルターを通して、具体的にどのように表現できるか考えることである。例えば、自閉症のような対人関係の形成に困難のある子どもがいる場合、「保育者や友達といっしょに遊びを十分に楽しむ」というクラス全体の保育目標を立てた場合には、「特定の保育者だけではなく、クラスの友達といっしょに遊ぶ」、「鬼ごっこのようなルール遊びで役割交替をする」といった目標がイメージできるかもしれない。

　第2に、クラス全体の活動の中で、その子に応じた目標達成を図ることのできる場面や必要な支援は何か考えることである。例えば、話し言葉によるコミュニケーションに困難を持つ子どもの場合には、お店屋さんごっこのように自分の意思や要求を伝える見立て遊びが、その子に応じた目標をねらいとするうえで重要な活動であることがイメージされる。クラス全体の目標や保育活動を考えつつ、ときにその中で活動する障害のある子の姿を具体的にイメージしながら、保育計画を立案していく。そのような相互的な視点が大切であると思われる（**図表1**）。

図表1　クラス全体の目標・活動と障害のある子どもの目標・活動の関係

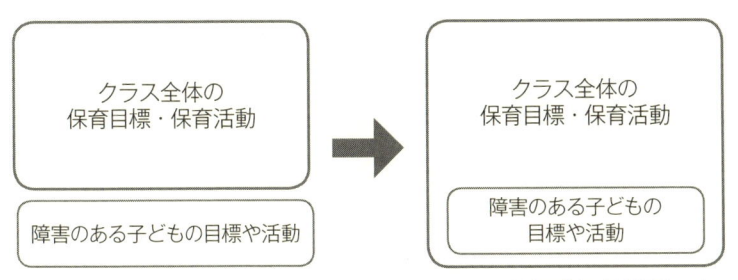

それぞれが独立して存在する（左図）のではなく、クラス全体の保育目標や保育活動の中で、障害のある子どもに応じた目標や活動をイメージしながら計画を作成する（右図）。

（筆者作成）

第2節　個別の保育計画の作成

　障害のある子どもと一言で言っても、さまざまな障害があり、また診断名が同じだとしても、園での育ちの姿や困り感は子ども一人ひとりによって異なる。前節で述べたようなクラス全体の保育計画は、全体の活動を包括した内容であり、そこに障害のある子どもへの保育方針を大まかに記載しても、具体的な支援の場面や内容まで記載することは、紙面の都合上難しいことが多い。全体の保育計画の中で、障害のある子どもへの保育方針を大まかにイメージしたうえで、具体的な内容については、以下で解説する個別の保育計画において詳細化することで、障害のある子どもについての具体的な目標や支援について整理することができる。

1. 障害のある子どもの個別の保育計画とは

　障害のある子どもに応じた保育を、園全体の保育の中で可視化し、教職員が連携して実行するためのツールが、個別の保育計画である。日本では1970年代中頃から始まった障害のある幼児への保育の保障は、今日では、統合保育を行う保育所や幼稚園が地域で一般的に見られるまでに進んでいる。保育の形態・内容や方法の側面からは、障害のある子どもを含む集団的な保育が量的な広がりを経て、質的な深まりの段階へと入っており、現在では日常の保育の中で、障害のある子ども個々の発達の可能性を実現し、人間形成の基礎を豊かに培うための実践が問われている［伊勢田ほか、2003］。個別の保育計画作成の背景には、障害のある子ども一人ひとりに応じた保育と、集団生活を通して社会性を発達させていく保育が効果的に融合し、園全体で障害のある子どもの育ちを支えていくための計画的・組織的な配慮が求められていることを押さえてほしい。

なお個別の保育計画は、幼稚園を含む学校教育の領域では「個別の指導計画」と呼ばれているが、記載される内容やその目的については保育所保育においても大きな違いはない。個別の指導計画とは「幼児児童生徒一人一人の障害の状態等に応じたきめ細かな指導が行えるよう、学校における教育課程や指導計画、当該幼児児童生徒の個別の教育支援計画等を踏まえて、より具体的に幼児児童生徒一人一人の教育的ニーズに対応して、指導目標や指導内容・方法等を盛り込んだ計画」［文部科学省、2009］である。なお、ここで言う「個別の教育支援計画」とは、園、家庭、福祉、保健、医療等が子どもの現在の育ちと目標に関して共通の理解を持ち、それぞれが担当する支援内容等を記載した他職種間にまたがるトータルな支援計画であり、障害のある子どもに対する園における保育内容を詳細に記述した、個別の保育計画とは異なる。本節では、個別の保育計画の作成方法について解説する。

2. 個別の保育計画の作成手順

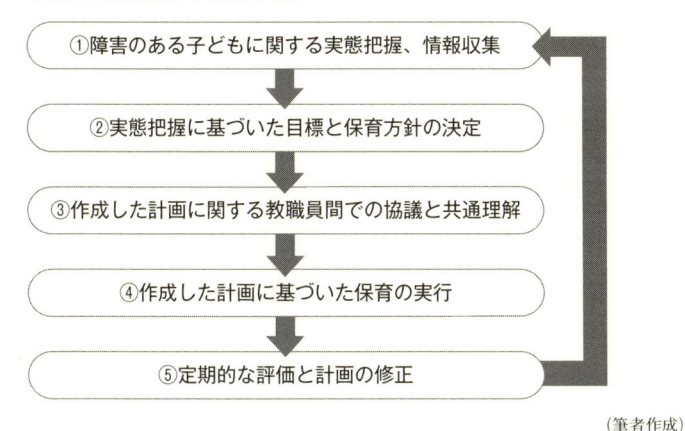

　個別の保育計画は、対象となる子どもの「実態把握」、「目標の設定」、「目標達成のため具体的な手立ての立案」、「手立ての実行と評価」から

図表2　個別の保育計画の作成手順

① 障害のある子どもに関する実態把握、情報収集
↓
② 実態把握に基づいた目標と保育方針の決定
↓
③ 作成した計画に関する教職員間での協議と共通理解
↓
④ 作成した計画に基づいた保育の実行
↓
⑤ 定期的な評価と計画の修正

（筆者作成）

図表3　障害のある子どもの個別の保育計画の書式および作成例

クラス全体の目標と対象幼児の目標を関連させることが望ましい。

対象幼児氏名 ○○○○	● 歳児クラス ○○○○組
クラス全体の年間目標	①保育者や友達と関わって遊ぶ楽しさを味わう
対象幼児の年間目標（重点目標）	①自分の気持ちを友達に伝えることができる
保護者の願い	保育者やお友達といっしょに楽しく過ごしてほしい

園生活における保護者の要望等を把握しているならば、可能な範囲で指導計画に反映させる。

領域	対象幼児の実態	←の実態から考えられる目標
健康	排泄は自立している。食事は好き嫌いなく食べることができるが、フォーク、スプーンの使い分けが難しく、手で食べることがある。	メニューによって、フォーク、スプーンを使い分けることができる。
人間関係	保育者に対しては、誰にでも笑顔で接することができる。友達に対しては、言葉で気持ちを表現することが難しく、物の貸し借り等で手が出てしまうことがある。	友達との物の貸し借りの際の望ましいやり方を知る。
環境	クラスで飼育しているカメに興味を持ち、毎日の餌やりを楽しみにしている。植物図鑑を見ることが好きである。	（現状では特になし。）
言葉	保育者との1対1では、基本的な指示理解や、質問への応答は可能である。集団への指示では聞いていないのか、動き始めが遅れることがある。	集団に対する指示を理解し動くことができる。
表現	手遊びやダンスなど体を動かして遊ぶことが好きである。手先がやや不器用であり、ハサミをうまく使えず、工作を嫌がることがある。	ハサミを使った活動を楽しめるようになる。
遊び	絵本を見ることが好きである。朝の自由遊びの時間はブロック遊びを好み、一人で高く積むことを繰り返している。他の遊びに誘っても、乗ってこないことが多い。	朝の自由遊びのレパートリーを増やすことができる。
行動特性	理解していることは自分から進んで活動することができる。健康診断やお遊戯会など、単発の行事の際、参加することを泣いて嫌がることがある。	単発の行事にも見通しを持って参加することができる。
その他	インターホンにこだわりがあり、登園、降園の際に、玄関のインターホンを鳴らすことがある。	園のインターホンは鳴らしてはいけないことを理解する。

実態把握の領域について、5領域+α（遊び、行動特性、その他）としているが、実態のまとめやすさに応じて、項目名は適宜変更してもかまわない。

実態には、対象幼児についての気になること、不得意なことだけでなく、今できること、得意なこと、好きなことなども可能な範囲で記入する。

一つの枠に一つの目標を書く。客観的に評価ができるよう（○、△、×で評価できるよう）、目標は具体的に記入する。

実態、目標、手立て、評価に一貫性を持たせることを意識する（左の項目の内容に基づいて、右の項目の内容を書く）。	手立ては計画どおり行われたか？ ○：おおむね実行できた △：ある程度実行できた ×：ほとんど実行できなかった

作成者 ●●●●	作成年月日 ○○年 ●月 ○○日

②生活や遊びの決まりが分かり、守ろうとする
②園での活動のレパートリーを増やす

←の目標を達成するための手立て	←の目標、手立ての評価	
メニューによって使う道具を知らせ、食べやすい環境を整える。手で食べているときには、道具を使うよう促す。	目標は達成できたか？	△
	手立ては計画どおり行われたか？	○
	フォークを使うことはおおむねできるようになり、手で食べることが減ってきた。細かいものをスプーンですくうことが次の課題である。	
手が出る前に、どのように伝えたらよいのか教える。手が出てしまった際には、保育者が望ましいやり方のモデルを示すとともに、手を出された相手の気持ちを代弁する。	目標は達成できたか？	△
	手立ては計画どおり行われたか？	△
	言葉で伝えることが増えてきたが、相手の応答によっては、手が出てしまうことがある。保育者がそばにいないときに手が出てしまうこともあった。	
	目標は達成できたか？	
	手立ては計画どおり行われたか？	
指示を出す前に、保育者に対する注意を促す声かけを行い、注意が保育者に向いた時点で指示を行う。教室の座席の位置を保育者が見えやすい位置に変更する。	目標は達成できたか？	○
	手立ては計画どおり行われたか？	○
	注意が向いた時点で指示することにより、スムーズに動けることが増えた。座席を保育者の前にすることで、注意が向くようになり、指示理解がスムーズになった。	
保育者が適宜手を支えながら、うまく使えるよう支援するとともに、出来上がった作品を褒め、自信を持てるようにする。	目標は達成できたか？	△
	手立ては計画どおり行われたか？	○
	一人で連続して切ることはまだ難しいが、作品をうれしそうに保育者に見せるようになった。今後は、切り取り線の手がかりを入れることも考えている。	
保護者に、家庭での遊びの様子や好きな遊びの聞き取りを行い、情報を基に可能なものを取り入れ、保育者が適宜誘ってみる。	目標は達成できたか？	×
	手立ては計画どおり行われたか？	△
	家庭でもブロック遊びが主な遊びであった。適宜保育者が他の遊びに誘ったが、乗ってくることはほとんどなかった。	
前日あるいは数日前から、この日は行事があることを前もって言葉で伝えておく。	目標は達成できたか？	×
	手立ては計画どおり行われたか？	○
	言葉で伝えるだけでは難しいようであった。今後は、活動内容などを示した写真カードを使って視覚的に伝えてみようと思う。	
登園、降園の際に保育者が横に付き、インターホンを鳴らそうとしたら、それはいけないことであることを言葉で伝える。	目標は達成できたか？	×
	手立ては計画どおり行われたか？	×
	保育者のバス添乗の関係で対象幼児にマンツーマンで付ける保育者がいない日が多かった。	

評価に関して、特記すべき具体的内容や、今後の指導の展望などについて記入する。

目標を達成するための大まかな保育方針を記入する。

目標は達成できたか？
○：おおむね達成できた
△：少し達成できた or 達成に近づいた
×：ほとんど達成できなかった

（筆者作成）

第11章 ●保育計画の作成と協働

構成される。まず、①複数の領域から見た子どもの現在の発達の姿や、家庭生活の様子、保護者のニーズ等、複数の視点から情報を集め、実態把握を行う。②次に、これら実態把握の結果から、園においてどのようなことをねらうか具体的な目標を定める。③そして目標に沿って、具体的にどのような支援を行うか手立てを決定し、④実際の保育活動を展開する。⑤最終的には、計画に基づいて行われた保育の評価を行い、次学期や次年度への実態把握の資料へとつながっていく。

　図表2に個別の保育計画の作成手順を示す。また、**図表3**に個別の保育計画の書式と作成例を示す。書式は園によってさまざまであり、内容の大枠を理解したうえで、それぞれの園の方針や活動に応じて、使いやすい書式を作成してほしい。

　上述の個別の保育計画に加えて、水内豊和は「保育場面別の具体的指導計画」のフォームを作成している。これは、園の一日の活動のうち、どの活動が設定した目標に該当する場面であるのかを確認し、場面ごとに具体的な保育の手立てを記述する形式となっている［水内、2008］。個

図表4　個別の保育計画作成の際のチェックポイント

☐	①「学級の年間目標」と「対象幼児の年間目標（重点目標）」につながりはあるか？
☐	② 対象幼児のつまずいている領域、気になる領域（課題）を把握したか？
☐	③ つまずきだけではなく、得意な領域についても、可能な範囲で把握したか？
☐	④「実態から考えられる目標」は、実態を踏まえたものになっているか？
☐	⑤「対象幼児の年間目標（重点目標）」と「実態から考えられる目標」に、つながりはあるか？
☐	⑥「実態から考えられる目標」は、客観的な評価（〇、△、×）ができるよう具体的になっているか？
☐	⑦「実態から考えられる目標」に対応した保育方針になっているか？
☐	⑧「実態から考えられる目標」に対応した評価ができているか？
☐	⑨ 記載した内容に、複数の人から得た情報や意見が反映されているか？

出典：［海津、2007］を基に作成

別の保育計画で挙げた保育方針をより具体化し、教職員間での共通理解を円滑にするうえで有効であると思われるので参考にしてほしい。

なお、個別の保育計画作成の際に確認してほしいポイントを**図表4**に挙げた。計画の作成過程において、あるいは作成後に参照し、それぞれの項目が満たされているかどうかチェックしてみてほしい。

第3節　教職員間の協働と園全体の取り組み

1. 園全体で協働して障害のある子どもを支援する

　保育所や幼稚園は、基本的にはクラス単位の活動が中心であり、障害のある子どもへの支援については、そのクラスを担当する保育者が中心となって行われることが多いと思われる。しかし、実際には、集団活動の際には、障害のある子どもに補助保育者が付く、あるいは、登降園時、ホール遊びなどの時間には、クラス担当以外の保育者が臨機応変にその子に関わることも多い。大切なことは、担当の保育者だけでなく、園にいる保育者全員が、日頃から障害のある子どもの育ちの姿や目標、現在取り組んでいる課題について共通理解して保育に当たることである［永野、2007］。そのためには、園全体でその子に関する情報を共有していくための作業を定期的に行う必要がある。

2. 障害のある子どもを支援するための園内組織

　図表5に障害のある子どもを支援するに当たっての園内組織の構造を示した。園の教職員数や職員構成によっては、園内委員会やケースカンファレンスに関しては特別な場を設けずに、通常の教職員会議で包括的に行われることも多い。

図表5　障害のある子どもを支援するための園内組織

障害のある子どもの支援のための園内委員会

構成メンバー
・園の特別支援教育コーディネーター
・園長、副園長、主任等管理職
・障害のある子どものクラス担任
・障害のある子ども担当の保育者
・(園の規模によっては) 園の教職員全員

検討内容
・障害のある子どもの支援体制の検討
・個別の保育計画の作成 (実態把握、目標設定、保育方針の立案など)
・障害に関する教職員研修の企画立案や実施など
・障害と支援に関する保護者や地域への広報・研修など

外部専門職の参加
・特別支援学校、小学校の特別支援教育コーディネーター
・市町村の巡回相談員
・障害児通園施設、児童デイサービス職員　など

構成メンバー
・園の教職員全員

検討内容
(クラス全体に関して)
・クラス全体の子どもの姿の報告
・次週の保育内容 (週案) の検討　など
(障害のある子どもに関して)
・個別の保育計画の内容の検討、共通理解
・週案を踏まえた障害のある子どもの保育内容・目標の検討
・支援に関する教職員の動きの検討　など

教職員会議 (週末など)

構成メンバー
・園内委員会メンバー
・(園の規模によっては) 園の教職員全員

検討内容
・個別の保育計画に基づいたこれまでの支援の評価
・今後の支援内容に関する見直しと修正案の検討
・新しい目標や支援のための手立て立案
・次年度、次学期に向けての支援の方向性の検討　など

**ケースカンファレンス
(学期ごと、複数月ごと)**

出典：[栢木、2010] を基に作成

　障害のある子が園に在籍する場合、まず、障害のある子どもへの支援体制を整備することを目的とした園内委員会が設置され、その年に在籍する障害のある子どもに関する基本的な情報の確認と、個別の保育計画作成・支援の実施に向けての園全体の体制などに関して検討が行われる。

　学期ごと、あるいは複数月ごとに行うケースカンファレンスでは、協議の対象を特定の子どもに絞り、ビデオ記録等、具体的な資料を交えながら、個別の保育計画に基づいたこれまでの支援の評価を行うとともに、支援内容に関する見直しと修正を行い、新しい目標や支援の方向性

について検討する。

　通常、週末等に行われる教職員会議では、園全体、クラス全体の子どもたちの姿の報告や、次週の保育内容の検討などが行われるが、そこでは、園内委員会で作成された個別の保育計画の内容の検討、共通理解を併せて行う。そして週案を踏まえて、障害のある子どもの次週の保育内容・目標について検討し、支援に関する教職員の動きの確認を併せて行う。

　園内委員会やケースカンファレンス、教職員会議には、園の教職員だけでなく、地域の特別支援学校や小学校の特別支援教育コーディネーター、市町村の巡回相談員、障害のある子どもが通う障害児通園施設や児童デイサービスの職員など外部の専門職員も出席し、情報交換やスーパーバイズを受けることもある。

3. 教職員間の協働の実践例

　A幼稚園は、2年保育の幼稚園であり、全園児およそ50人のうち3～4割が「特別支援枠」（障害のある子どもだけでなく、障害の診断を受けていないが、配慮を要すると園が判断した子どもも含む）の子どもであり、全園児に占める支援の必要な子どもの割合が高い幼稚園である。保育の特徴として、日々の子どもたちの姿に応じて、保育者が園内にさまざまな遊び環境を準備し、登園後、子どもたちが自由に遊びを選択し取り組むという点が挙げられる。したがって、クラス全員が一カ所で同じ活動をしないことも多く、保育者は特別な支援を要する子どもも含めて全ての園児に関わることが要求される。

　A幼稚園では、毎週末に園の教職員全員が参加する「保育研究」の時間を設けており、クラスごとに、その週の子どもたちの姿についての振り返りと、翌週の週案についての検討を行っている。そして、週案の内容を踏まえて、クラスに在籍する障害のある子どもに対する個別のねらいや保育内容についても併せて検討し、幼稚園全体での共通理解を図っている。

図表6 保育研究を基に行われた1学期の取り組みの経過

《個別の保育計画の1学期の目標》
- 好きな場所、好きな遊びを見つけ、安心して過ごす。
- 好きな遊びや自分の身の回りのことを自分でしようとする。
- 先生や友達との触れ合いを楽しみ、親しみを深める。

週案でのクラス全体のねらいおよび内容

4月4週

（姿）母子分離は徐々に進んだ。好きな友達とのキャッチボールをしたりゴールへシュートしたり、自分から教師に話しかけてくるようになってきた。遊びの中で笑顔が多く見られるようになってきた。

（保育者の考察）安心して過ごせる環境を整えていく。

（ねらい）
- 好きな友達に親しみを見つけ、先生や友達に親しみを持って触れ合う。

（内容）
- 先生や友達に親しみを持って触れ合う。
- 好きな遊びや場を見つけて遊ぶ。
- 所持品の始末の仕方が分かり、身の回りのことを自分でしてみようとする。
- 戸外で身体を動かしたり、春の自然に触れたりして遊ぶ。
- 遊具や用具の扱い方や遊び方を知る。

B男のねらいおよび内容

（ねらい）喜んで登園する。
（内容）好きな遊びや場を見つけて遊ぶ。先生に親しむ。

6月1週

（姿）C男に誘われることがうれしいようで、誘われてブロックをしたり他の遊びに入ることがあった。絵本や雰囲気など静かな場の雰囲気に乗らないことが目立つようになってきた。内科検診に入ると誘いに乗れないでいたり、イス取りゲームでは大きな声を出したりすることもある。友達と会話をすることもでき、安心して園生活を過ごせているが、不安な表情を見せることが続いている。不安の原因を探り、解決の糸口を探る。

（ねらい）
- 自分のやりたい遊びに自分から取り組み楽しむ。
- 戸外で自然に触れながら自分に遊ぶ。

（内容）
- 好きな遊びに自分から取り組み楽しむ。
- 自分の思いを表しながら遊ぶ。
- 水、砂、泥などに触れ、解放感を味わいながら遊ぶ。
- 戸外で身体を動かし、身近な草花や虫に触れたりして遊ぶ。
- 栽培物の世話をしたり、成長に気づいたりする。

（ねらい）好きな遊びや場を見つけて遊ぶ。
（内容）先生や周りの幼児と触れ合いながら遊びを楽しむ。

7月3週

（姿）バケツに入った水を見ることやプールでは、足元でバシャバシャをしたり運ぶことを楽しむ。足元のトイレを自分で運び、遊ぶ姿も見られた。塩ビ管のトイレを少しずつ排泄できるようになってきた。B男自身が遊び始めて楽しめるようにしていく。

（保育者の考察）B男が関わったり、仲立ちをしたりしていく。特に保育者が関わっていくことで、トイレでの成功体験を大いに重ねていきたい。

（ねらい）
- 解放感に関心を持ち遊びを楽しむ。
- 自分のしたい遊びの中で同じ遊びの幼児と触れ合い、自分を表す。
- 夏休みが始まることを知る。

（内容）
- 友達の姿に関心を持ったり、解放感を表しながら遊ぶ。
- 自分の思いを表しながら触れ合い、同じ遊びを楽しんだりする。
- 戸外で自分なりに身近な草花や虫に触れたりして遊ぶ。
- 水、砂、泥などに触れ、解放感を表しながら遊ぶ。
- 飼育、栽培物の世話をしたり、成長に気づき、保育者といっしょに身の回りの整理をする。
- 夏休みが始まることを知り、保育者といっしょに身の回りの整理をする。

（ねらい）好きな遊びや場を見つけて遊ぶ。
（内容）先生や周りの幼児と触れ合いながら遊びを楽しむ。

(筆者作成)

以下、在園児のB男について、保育研究を基に行われた、入園後1学期間の支援の取り組みの経過について紹介する。
　①入園当初のB男の姿
　B男は、2年保育年少クラスに在籍する知的障害のある男児である。入園当初の姿として、言葉の表出は単語レベルで、保育者からの簡単な指示は理解できていた。性格はマイペースで、初めての場所、多数の大人に囲まれることが苦手であった。排泄はオムツを着用していたが、促されると嫌がらずにトイレに行き、便器の前に立つことができた。
　②入園後1学期の取り組みの経過
　入園後1学期間に行われた保育研究で出された、クラスの翌週のねらい、B男の姿およびねらいと内容の経過の一部について**図表6**に示す。
　入園当初（4月4週）、「喜んで登園する」という基本的なねらいの下、まずは好きな遊びに取り組むことと、その過程を通して保育者との信頼関係を築くことに主眼が当てられている。
　6月1週には、それまでの経過を踏まえて、保育者や特定の子どもとの関わりを通して、遊びのレパートリーを増やしていくことにねらいが立てられている。
　1学期末（7月3週）には、6月1週からのねらいの下、B男の遊びのレパートリーの増加や、日常生活技能の育ちの姿が語られ、同一のねらいをさらに継続させていくことが確認されている。
　③B男の実践例から学ぶこと
　個別の保育計画では、子どもに対して年間を通しての目標や、各学期の目標を立てる。子どもたちの将来的な育ちの姿をイメージしたうえで、そこに向けて系統的に保育を組み立てていくことは大切である。だが、子どもは日々、保育者の予想とは異なる姿を見せるものであり、実践に対する日々の反省を連続的につないでいくことで、幼児理解は深まり、支援のための筋道が明らかにされていく［小川、2010］。
　A幼稚園においても、その時々の子どもの姿を振り返り、1学期の目

標という大きな柱に沿いながらも、週ごとのねらいや内容を、教職員全体で丁寧に検討している。計画は全てが計画どおりに進むものではなく、子どもの日々の育ちを丁寧に読み取り、子どもの姿に応じてねらいや内容を修正していくことが保育では大切なことである。計画に縛られて、保育者の予想を超える子どもの姿や変化に対する注意が乏しくならないよう留意してほしい。

【引用・参考文献】

伊勢田亮・倉田新・野村明洋・戸田竜也『障害のある幼児の保育・教育』明治図書、2003年

小川博久『遊び保育論』萌文書林、2010年

海津亜希子『個別の指導計画作成ハンドブック――LD等、学習のつまずきへのハイクオリティーな支援』日本文化科学社、2007年

栢木隆太郎「障害児を支える支援体制とは」尾崎康子・小林真・水内豊和・阿部美穂子編『よくわかる障害児保育』ミネルヴァ書房、2010年、pp.142-143

永野司「障害のある子どもの保育の方法」伊藤健次編『新・障害のある子もの保育』みらい、2007年、pp.103-118

水内豊和「特別な配慮が必要な子どもの個別の指導計画と指導案」開仁志編著『これで安心！保育指導案の書き方――実習生・初任者からベテランまで』北大路書房、2008年、pp.97-108

文部科学省特別支援教育の推進に関する調査研究協力者会議「特別支援教育の更なる充実に向けて（審議の中間とりまとめ）」2009年2月

第12章
保護者・家庭への支援

関谷　眞澄

第1節　障害のある子を育てていくために

　保育者の専門職としての重要な役割は、子どもの発達を支え促すことであり、子育てへの支援である。それはその親（保護者）を支えることだけでなく、家族のつながりを支えていくことでもある。親兄弟が障害のある子をいとおしいと感じ、家族の一員として受け入れることができれば、家族は障害のある子の成長・発達に気づき、喜ぶことができる。親と子の間に適切で親密な関わりがあることが、障害のある子の発達を促す大きな力となる。親と子の関係は家族とともにある。障害のある子とともに歩んでいくのは親だけでなく、「家族」である。親（保護者）・家庭への支援は、障害のある子の発達を促す支援となる。障害のある子の親になることで生じるつらさや、子育てにおける親の課題や家族の課題を理解し、障害のある子の発達と親子関係を念頭に置いて直接的な支援を行っていくことが、保育者の果たすべき重要な役割である。

　本章では、子どもの養育の中心となる保護者を「親」と表記する。また障害のある子の同胞（兄、姉、弟、妹）を「兄弟」と表記する。

1．障害のある子の親になるということ——親の課題

　妊娠、出産は大きなライフイベントであり、喜びとともに健康で元気な状態で生まれることが望まれる。障害のある子の親になるということは、思いもよらない出来事である。健康な状態で生まれ育ちながらも疾患や事故により障害を負うこと（中途障害）や、発達の過程で障害が明確になることもある。いずれも、親にとって大きな喪失体験である。

　障害のある子の親の乗り越えなくてはならない重要な課題が、「障害の受容」である。障害のある子を育てていくには、わが子が障害を持っているという現実を受け入れることが、まず必要である。目を背けたま

までは子育ては苦しみだけとなり、虐待や心中、子殺しといった悲劇的な事態を引き起こしてしまう場合もある。わが子が障害を持っているという現実と向き合い、受け入れ、歩んでいくことが、親にとっての大きな課題である。障害のある子の親になるということは、その課題と常に向き合い、自分自身の子育てや自分自身の心のありようと向き合っていくことでもある。わが子の状態をありのままに受け止め、将来を見据えて子育てしていくことができるよう、親への支援が必要である。

2.「障害の受容」と子育て

生まれてきたわが子が障害を持っていたとき、それは親にとって大きな喪失体験である。悲しみや嘆き、混乱した心理状態に覆われる。出産までに思い描いていたわが子との生活やわが子の成長、その将来、親である自分の人生の予測など、全てが白紙に返される。白紙となった状態に何を描き直していったらよいのか、手探りで歩み始めなければならない。悲哀を抱え、状況を受け入れられないままであっても、子育てをしていかなくてはならない。中途障害の場合も同様である。

「障害の受容」は、上田敏（1932～）により「障害の受容とはあきらめでも居直りでもなく、障害に対する価値観（感）の転換であり、障害をもつことが自己の全体としての人間的価値を低下させるものではないことの認識と体得をつうじて、恥の意識や劣等感を克服し、積極的な生活態度に転ずることである」［上田, 1983］と定義されている。「障害の受容」という概念は、1950年代にアメリカで、中途身体障害者のリハビリテーションの中で展開され、上田によりわが国に根づいた。

身体障害を負ったことによって失ったものは、身体機能だけでなく、それまでに描いていた将来展望や今までの人生の意味であり、自己存在価値にまで及ぶ。それは絶望感と悲哀を伴う大きな喪失体験である。「障害の受容」とは、その心の痛みに目を向けた概念であり、障害を負った人が今の自分自身の現状を受け止め、自己を受容し、新たに人生

を生きることができるように支援することが、専門職のなすべきことであるという理念から成る。

　障害のある子の親になるということは、親自身が障害を負うわけではない。しかし深い喪失体験であり、乗り越えていく道のりは障害を負った人の歩みと重なるものである。現状を受け止め、その人なりに自分の人生の意味を見いだしていかなくてはならない。喪失感を乗り越え、障害のある子の親として子どもの障害に向き合い、障害のある子とともに生き、その成長・発達を支えていく決意と覚悟を持つことが重要となる。それはわが子の人生の意味を見いだす過程でもある。

　親の「障害の受容」には、わが子の障害の受容、障害のあるわが子の受容、その親となった自分自身の受容、という3つの側面がある。

　「障害」「障害児・者」に対し、どのような認識と感情を持っているかによるだけでなく、身内という関係は自他の境界を引きにくい特別なものであるため、「他人の障害」は受け入れられても、「家族の障害」は受け入れられないことがある。わが子の障害を受け入れられない親は、障害をないものとすることや、後れを取り戻すことに縛られる。また障害ではなく一時的な後れであるとか、医療の進歩や訓練により健常な状態に「戻る」と考えることもある。それはときには子どもに過剰な教育や期待といった大きな負担を強いることになる。「いつかきっと良くなる（健常児と変わらない状態になる）」という思いにとらわれ、適切な療育の機会を逃し、わが子の伸びゆく機会を失うことも起こりうる。

　障害のあるわが子を受け入れられない親は、わが子を拒否してしまう。それが意識できる場合と意識できない場合がある。愛さなくてはいけない、拒否してしまう自分は悪い親であるという思いに縛られ、自分の気持ちにふたをしてしまうのである。強い拒否感は虐待につながる危険性が大きい。わが子の将来を悲観しての子殺しや親子心中を引き起こしてしまうこともある。最初から何の戸惑いもなく、障害のあるわが子を受け入れられる親は多くはないだろう。すぐに受け入れられないことは無

理のないことでもある。拒否感を持ったことで自分を責めるのではなく、なぜ拒否してしまうのか内省することが、受け入れていく一歩となる。

障害のあるわが子を受け入れるということは、障害のある子の親となった自分自身を受け入れることでもある。障害のある子の親となったことで、世間から自分がどう見られるか気になり、自分をみじめに感じ、人生が価値のないものになったように感じてしまうこともある。自己を受容することと他者を受容できることは一対である。障害のあるわが子の受容には、親が自分自身を受容できるか否かが影響する。

障害のあることがわが子の人間的価値を低下させるものではないこと、障害児の親となったことが自分自身の人間的価値を低下させるものではないこと、そのことを体得することが親の課題である。

第2節　障害のある子とともに生きる家族

1. 家族の絆の再構築──家族の課題

(1) 家族のつらさと家族ストレス

「家族」とは何か。人は社会の中で生きる存在であり、社会の中で生かされている（独りでは生きていけない）存在である。「家族」とは個人にとって最少単位の最も身近な「社会」である。森岡清美（1923～）は、「家族とは、夫婦・親子・きょうだいなど少数の近親者を主要な成員とし、成員相互の深い感情的なかかわりあいで結ばれた、幸福（well-being）追求の集団である」［森岡・望月, 1997］と定義している。今日、核家族化や個人化、少子化により、家族の集団性が薄らいできているとはいえ、家族の感情的な関わり合いは家族以外の他者との関係よりも深い。それは家族員の支えになるものでもあり、理不尽な縛りとなるもの

でもある。子育ては、例えば母親だけでできるものでも、すべきものでもない。「家族」が子どもを育てるのである。家族が障害と向き合い、家族の一人ひとりが自己を阻害することなく、障害のあるわが子を家族の一員として認め生活していくことが、家族という社会集団に求められる。そのために家族が乗り越えていかなくてはならない課題の一つは、家族の絆の再構築である。

わが子が障害を持って生まれる、障害が明らかになる、障害を負うことで、家族の関係は大きく変化する。親は予期せぬ事態、しかも受け入れにくい現実にどう対応していいのか混乱し、その事態の責任をどこかに求めようとし、場合によっては自分を責め、場合によっては配偶者を責めることもある。また、障害のある子の誕生とその子育ての過程で、親はさまざまなストレスを体験する。時間的な余裕のなさや経済的な負担の重さだけでなく、子育て自体の困難さがもたらすストレスや自分自身のアンビバレントな感情、自己否定感のみでなく、世間の目や親族との関係、兄弟の心情など、対処していかなくてはならない状況が重複して起きる。離婚や親としての役割放棄、仕事への逃避、兄弟への過剰な期待など、家族全体がストレスを抱える状態になることもある。家族全体のストレスは家族のつながりを脅かし、個々人の自己実現や子どもの発達に影響する。家族の揺らいだ絆を再度結び直し、再構築した絆を保つことが、障害のある子とともに生きていく家族の課題である。

(2) 兄弟と親の関係

障害があってもなくても、子どもは親の愛情とケアを必要としている。特に乳幼児期は、基本的信頼感の確立や親との絆の形成が重要な発達課題となる時期である。しかし親はどうしても障害を抱える子の世話に追われ、兄弟に目を向ける余裕がないことが多い。親が兄弟に小さな「介護者」「介助者」「保護者」の役割を期待し、負わせていることや、兄弟が自らを律し、望まれる役割をとることがある。それは兄弟の発達にプ

ラスに働くこともあれば、縛りとなりアンビバレントな感情を生み出すこともある。

また兄弟は、障害を抱える兄弟とどう関わっていったらいいのか、親にとって自分がどのような存在であるのかなど、気持ちが不安定になりがちでもある。親の気持ちが障害のある兄弟に行きがちで、寂しい思いをすることもある。また親が障害のある兄弟の世話で心身ともに大変であることを感じ、自分の寂しさや不満を我慢してしまうことがある。親が兄弟に「良い子」「手のかからない子」であることを期待してしまうことも多い。親がその期待を口に出してしまうことや、兄弟が自分を抑え、親の期待に応えようとすることもある。

そのような無理は子どもの心に影響する。自分はいつも2番目という感覚や、自分の人生を生きられないと感じたり、障害のある兄弟を否定したりすることにつながることもある。親は、兄弟に障害のある子の状態や親自身の状況や心情を、まだ理解できないだろうという判断や心配をさせたくないという思いから、伝えないことがある。しかし知らされないことで兄弟が疎外感や無力感を持ってしまったり、障害のある子と自分への親の関わりがなぜ違うのか納得できず、理不尽な思いを抱くことや、障害のある子の行動が理解できずストレスを感じたり、原因が自分にあるのかと思い悩むこともある。

親は障害を持つ子に対してだけでなく、兄弟にも「あなたが大事」というメッセージを言葉や態度で伝えていく努力と配慮が必要である。ときには兄弟とだけの時間を持つことも大事である。そして「良い子」であることを求めない、障害のある子のことを兄弟の発達段階に合わせて説明していくことや、親自身の気持ちをきちんと伝えていくこと、兄弟の気持ちを折々に聴いていくこと、その努力と配慮を怠らないこともまた親としての課題である。

兄弟は親よりも長く、互いに関わる存在である。その関係が互いを認め合ったものであれば、それは両者の成長・発達を促す大きな力となる。

兄弟と親、兄弟と障害のある子の関係を支えることは、家族の絆を支え、障害のある子の成長・発達を支える。

2. 障害のある子の力への信頼——家族の課題

　人は、自分が所属する集団の中で立場と役割を担っている。「家族」という集団で、各人が母親、父親、子どもとして、期待され要求される役割を持っている。役割を果たすということには、権利と責任が伴う。障害のある子とともに家族が生きていくということは、障害のある子を家族の一員として認め、生活していくことである。ケアを受ける存在として障害のある子を受け入れるだけでなく、親や兄弟と同じ家族の一員として、役割と権利と責任を持つ存在として関わることである。

　また、親子の関係は子どもの成長・発達に応じて変容していく。発達段階に応じた発達課題があり、その子なりにその発達課題を獲得していくことが、将来に向けて必要である。障害のあるなしにかかわらず、その子なりの自立を促すためには、親の関わりも発達に即したものでなくてはならない。障害があるということで親は必要以上に手助けをしていたり、その子の発達年齢よりも必要以上に幼い関わりをしていることがある。つたなく時間のかかるやり方であっても、子どもが自分でできることや自分でやろうとしていることは、その子に任せることが大切である。過剰な手助けは、その子が経験する機会を奪うことになる。経験の積み重ねが能力を高め、自信を培っていく。子どもの年齢相応の対応をしていくことは、その子を「一人前」としてみなすことであり、子どもは「一人前」として関わられたことで、自己効力感や自信を持つことができる。子どもの障害に配慮することは必要であるが、過剰な配慮は子の自尊心を損ない、自発性を奪っていきかねない。失敗を繰り返しながらもできるようになっていくことの積み重ねが、自信や自己肯定感を培う。自己肯定感は挫折を乗り越える力となる。

　障害のある子は無力な存在ではない。不自由さや生きづらさは障害の

ない子より大きいかもしれない。しかし障害のあるなしにかかわらず、子どもは伸びゆく力を持っている。家族の一員として、適切な配慮とともに子どもの力を信頼し育てていくことが家族の課題である。

第3節　障害のある子の発達を支えるには

1. 障害のある子の発達と親子関係を見据えての支援

　保育者の子育て支援は、保育の現場からの直接的な支援が主たる重要な支援である。障害児保育における支援は、親と子それぞれになされることも必要であるが、親子の関係への支援を忘れてはならない。

　子どもの発達は、その子の持って生まれた力だけでなく、親を中心とする身近な他者との関わりが重要な要因（環境因）として作用する。親と子は互いに影響し合っている。親の反応が子の反応を引き出し、子の反応が親の反応を引き出す。相手の反応をどう捉えるか（認識するか）によって、どう行動するかが決まっていく。子どもの発達は親の相互作用に大きく影響されるのである。親子の不適切な関係は、その関係の中にいる親は気づきにくく、また気づいていてもそのパターンから抜け出すことは、親のみの努力では難しい。そこに専門職の適切な介入、直接的な支援が必要となる。保育者が専門職として親子の不適切な関係や子育てのつまずきを調整・修復するには、親の問題、子の問題としてだけでなく、その障害のある子の発達と親子関係への視点が必要である。

2. 親の課題、家族の課題への支援

(1)「障害の受容」
　「障害の受容」は、親が障害のあるわが子を健全に育てていくために、

また自分自身を否定せず、人生を歩むために必要な過程である。障害のあるわが子と親である自分自身を心の奥底で否定してしまうと、否定感は親自身を苦しめ、親子の関係をゆがめ、子の発達を阻害する。それほどに子の発達と親子の関係は影響し合っている。親が子の障害に向き合い、「障害の受容」という課題を完全にではなくとも乗り越えていけるように、保育者の直接的な支援が重要となる。

　「障害の受容」という課題に対しての保育者の直接的な支援は、「子育ての相談」から始まることが多い。「障害の受容」は、親にとってナイーブな領域であり、触れられたくない親もいる。話したいという思いと、現実に目を向けることへの不安に揺れ動いていることもある。親の心の準備ができていない状態で、障害の受容を話題にすることは、親の心をかき乱し、保育者に対し関わりを拒否する事態を招きかねない。日常的なこまごまとした子育ての話や、親自身の生活など、雑談と思われるようなことをきちんとした姿勢で聴くことから、信頼関係が培われる。直接的ではないと思われるような話から、子の障害のことや親自身のつらさが語られたときに、子育てのつらさを親身に聴き取ることが、大きな支援となる。あくまでも親の話に寄り添い、保育者の主導にならないこと、親のあり方を決して否定しないこと、指導しようとしないことが、その時点では大切である。誰かに自分のつらさや思いを語り尽くせたとき、人は自ら自身のすべきことやどうしたいかを見いだすことができる。保育者は親の選択や決断を助ける役割を担うのである。

　親の「障害の受容」への保育者のなすべき直接的な支援のもう一つは、障害のあるわが子が発達しているという実感を親が持てるようにすることである。わが子の発達が思い描いていたようなものではないということは、障害児の親にとって理解はできても割り切れないつらさである。過剰な期待に縛られたり、わが子の発達はないと思い悩むこともある。わが子の発達が感じられるようなエピソードを知らされることは、親にとって喜びであり、子育ての苦労やつらさが報われる思いをもたらす。

それは子育ての励みとなり、その積み重ねが子育てを支えていく。親と子それぞれの変化は相手の変化を引き起こす。親がわが子を肯定できるようになり、わが子の発達を喜ぶことができるようになると、子どもの潜在している力が開かれていく。そして子どもの力が開かれることで、親は喜ぶ。親が喜ぶことが、子のやる気や自発性を引き出し、子の発達を促す。

　障害のある子の発達と親子の関係を切り離して支援を考えることはできない。親子の関係を支えていくことは、親の「障害の受容」への支援でもある。そのために保育者は、子どもの発達段階を適切に捉え、子どもの小さな変化を見逃さず、そこに発達の芽を見いだせる力を持たなくてはならない。その子どもの変化を親に伝えられる表現力や、他者と関わる力を養わなければならない。そして言うまでもなく、保育者として子どもの発達を促す保育プログラムを展開することは、保育者にしかできない重要な支援であり、専門職としての責務である。

(2) 兄弟への支援

　障害児の家族・家庭への支援は、障害のある子とその親だけが対象ではない。障害のある子と生活しているのは家族であり、その家庭のあり方や家族の関係も視野に入れ支援していかなくてはならない。

　兄弟も支援の手を必要としている場合がある。兄弟と親との関係が良好であることは、兄弟と障害のある子との関係を支えることにもつながる。親が障害のある子にも兄弟にも目を向けることができるには、心のゆとりと時間的な余裕が必要である。親自身に休息が必要な場合も多い。兄弟が自分のことを見てほしいと、自分のつらさや葛藤を心身症状や問題行動で訴えることもある。しかし、親が障害のある子のことで手いっぱいであったり、心身ともに疲れていると、兄弟の発するSOSに気づくことや受け入れることができずにいたり、兄弟に「良い子」であるように要求してしまう場合もある。

保育者は、親から子育てのつらさを聴いたり相談を受ける中で、兄弟の心情を伝えたり、親の関わり方を助言することができる。それも保育者の直接的な支援の一つである。兄弟に対する支援も保育者の役割である。また、親が自分の時間が持てるように利用できる社会資源や、同じような状況の親のグループ（ピアサポートの場）、医療機関、相談機関など、情報提供していくことも大事な支援である。

　子どもを育てる家族の生活はさまざまである。子どもの障害や発達の違いのみでなく、親や家族の置かれた状況や生活などの違いが、親や家族の障害のある子との関係に影響する。親の心情や家族の姿を支援者の思い込みでなく理解するには、障害特性や現状だけでなく、支援する親や家族の状況、その人となりや体験してきたことなどに目を向け、支援する相手自身を理解しようとする姿勢が必要である。

【引用・参考文献】

　上田敏『リハビリテーションを考える──障害者の全人間的復権』青木書店、1983年

　白鳥めぐみ・諏方智広・本間尚史『きょうだい──障害のある家族との道のり』中央法規出版、2010年

　全国障害者とともに歩む兄弟姉妹の会編『きょうだいだって愛されたい──障害のある人が兄弟姉妹にいるということ』東京都社会福祉協議会、2006年

　野辺明子・加部一彦・横尾京子編『障害をもつ子を産むということ──19人の体験』中央法規出版、1999年

　野辺明子・加部一彦・横尾京子・藤井和子編『障害をもつ子が育つということ──10家族の体験』中央法規出版、2008年

　森岡清美・望月嵩著『新しい家族社会学〔4訂版〕』培風館、1997年

第13章

関連機関との連携

林　恵

第1節　障害児に関わる福祉・教育施策

1. 障害者の自立と関連機関との連携

　近年の障害者福祉の動向は「障害のある人を守る社会」から「地域の一員としていっしょに生きる社会」へと進み、それとともに障害者の自立という言葉がよく聞かれるようになった。1970年代にアメリカで広まった自立生活運動は、身辺の自立や経済的な問題のいかんにかかわらず、社会の中で主体的に生きることで自立した生活は成り立つという考え方を示した。障害の有無にかかわらず、人は人によって支えられ、社会的集団の中でしか生きていけない。社会的集団の中で周囲の人と支え合いながら自分らしく豊かに生きていくことが、今日的な自立の考え方だと言える。

　その考え方に立てば、障害児・者やその家族が自立の前提となる社会参加ができるよう支援することこそ、保育者の主要な役割である。障害児を抱え、多くの時間を家庭で過ごしている親子がいるとすれば、その親子とさまざまな機関がつながらなければならない。1人の子に対して、保護者はもちろんのこと、保育者だけではなく、関わる者全てがその子への理解を深め交流することが、よりよい支援を作り出す。地域社会の一員としてしだいに自立して生きていくために、保育者は各関係機関との連携を作り出し、維持していく役割を担う。そのような保育者の活動が、社会の中で共に生きていくその子の基盤、すなわち自立の基盤を作り出していく。

〔事例1〕人とのつながり（知的障害があるこうや君の母、真弓さんの話）
　こうやは、児童発達支援センターに通っています。ここにたどり着くま

で、本当に不安で孤独でした。他の子と違うわが子を私自身も理解できず、周囲の人にしつけが悪いと責められても説明できませんでした。しかし、センターに通い始めてから、そこを中心にいろいろな人とつながりができました。保育士、ケースワーカー、言語聴覚士、心理士、看護師…。人とつながることで、私の不安は薄れてきました。

　下の子を妊娠していたときは、センターへの送迎を市のサービスに頼みました。担任の先生やケースワーカーさんがサービスのことを教えてくれたのです。子どもは使えないサービスでしたが、先生から市役所に話をして使えるようになりました。

　困ったことを投げかけると、どんどん輪が大きくなり広がっていく。センターの皆さんだけでなく、送迎のスタッフさん、レスパイトで仲よくしてくれる中学生、近所の人たち…。多くの人が、こうやと私たち家族とつながって、いっしょに成長を喜び合える、そんな今の環境がうれしいです。

2．障害児に関わる福祉施策

　障害者福祉に関わる法律は、システマチックで高機能な支援を実現することを目指して改正が繰り返されているが、試行錯誤の部分もかなり見られる。障害者自立支援法は、障害者が能力や適正に応じて自立した生活を営めることを目的として2006年に施行され、障害種別ごとに行われていた福祉サービスを一元化し、一般就労を推進すること等が定められた。しかし、従来の負担能力に応じた応能負担から、使ったサービスの分に応じて支払う応益負担となり、重度の障害者ほど負担が重くなる等の問題があった。

　そこで、国は障害者自立支援法の部分的見直しを行い、新たに「障害者生活総合支援法」の制定を目指している。現在は暫定的な法律として2010年12月の「障がい者制度改革推進本部等における検討を踏まえて障害保健福祉施策を見直すまでの間において障害者等の地域生活を支援するための関係法律の整備に関する法律」（通称、障害者自立支援法改正

案）が制定施行されている。

　上記に関連して児童福祉法も2012年4月に改正された。障害児施設を見直し、障害種別によって分かれていた施設を一元化するとともに、放課後等デイサービスや保育所への訪問支援も実施することとなった。また、障害児の範囲を改め、知的障害と身体に障害のある児童に加え「精神に障害のある児童」という表現で発達障害児を含めることとした。

3. 障害児に関わる教育施策

　2003年に文部科学省は「今後の特別支援教育の在り方について（最終報告）」において、障害の程度や種別によって異なる場所に分けて教育を行っていた「特殊教育」から、一人ひとりの必要性に応じて教育的な支援を行う「特別支援教育」への転換を打ち出した。その目的は、一人ひとりに合わせて必要な支援を行い、自立や社会参加に向けた主体的な取り組みを支援するものだとしている。今まで特殊教育の対象ではなかったAD/HD、LD、高機能自閉症などの発達障害も特別支援教育の対象とし、2007年4月に施行された改正学校教育法により、法的に特殊教育から特別支援教育へと変更され、盲・ろう・養護学校も特別支援学校へと名称の変更を行った。

　特別支援教育を進めていくために、2003年の「特別支援教育の推進について（通知）」では、特別支援学校は地域の特別支援教育のセンター的な機能を持ち、各学校や保育施設などの要請に応じて支援を行うとしている。また、校内に特別支援教育に関する委員会を設置すること、地域関係機関との連絡調整を行う特別支援教育コーディネーターを校長が指名すること、関係機関との連携を図った個別の教育支援計画を活用することが必要だとしている。これらについては第3節で詳しく述べる。

第2節　障害児に関わる機関

1．主な福祉・医療機関の種類と役割

　障害児がたどる自立への道のりに沿って、関わる機関の役割を説明する。ここでは主に、就学前の福祉・医療を中心とした支援について述べる。

　出生前や出生後の早期から障害が分かり、重大な疾病などがあった場合は、医療機関が大きな役割を担う。

①療育センター……医師等の医療職のほかに、理学療法士や作業療法士、言語聴覚士、臨床心理士などの専門職が配置され、重症心身障害児をはじめとしたさまざまな障害に対して総合的に療育を行っているところが多い。重大な疾病の有無にかかわらず地域にかかりつけの病院を持つことは、風邪などの急性疾患にも対応でき、地域の関係機関と情報交換がしやすくなる。障害児の健康面を中心にサポートする医師が、他機関へ留意事項などを助言することもできる。

②保健所、保健センター……地域住民の健康を支える機関で、対象は乳幼児から高齢者まで幅広い。子どもに関する事業では、両親学級や乳児家庭全戸訪問、1歳半と3歳児の乳幼児健診などを実施している。健診により保護者が気づかない障害を発見することができ、状況に合わせて支援を行う。障害児の親子教室や保育所等への巡回を実施しているところも多い。

③児童発達支援センター……障害児が就学前に利用できる通所施設で、日常生活に必要な技能を身につけ集団生活に適応できるよう支援を行う福祉型児童発達支援センターと、肢体不自由児が対象で発達支援と治療の両方を行う医療型児童発達支援センターとに分けられる。

また、家庭から離れて生活する障害児入所施設は、福祉型障害児入所施設と医療型障害児入所施設とに分けられ、後者の医療型では、障害の重度・重複化に対応し専門医療が提供される。入所児は、学齢になれば施設から通学し、可能であれば18歳を目途にグループホーム等の地域生活への移行を目指す。

④市・区役所・町村役場……子どもに関する相談や福祉サービスを受けるための申請の窓口となっている。家庭の状況なども含め障害児を取り巻く問題が大きく、市区町村での解決が難しい場合は、市区町村を通して児童相談所に相談できる。児童相談所は、知的障害者の手帳である「療育手帳」取得のための診断も行う。発達障害が疑われる場合は、各都道府県にある発達障害者支援センターを利用できる。本人や家族の相談に乗るほか、関係者への研修や就労のための支援なども行っている。

保育所への入所を希望した場合、障害があることが分かっていれば、保護者は市区町村の子ども課等と相談のうえ、保育所に発達の状況等について説明する必要がある。保護者には、どのような保育や支援が受けられるかを知ったうえで、入所の可否を判断することが求められる。実際は、保育所への入所後に保育者が障害に気づくことも多い。その子に合った保育を行うために児童発達支援センターと連携することで、センターから職員が派遣され、助言や子どもへの直接支援を行うこともできる。保育所で健常児といっしょに過ごし幼い頃からお互いを知り、地域に友達を持つことは大きな意味がある。これらは、教育施設である幼稚園に入所した場合も同様である。

その他、障害児やその家族を支える任意団体として、障害児の親が有志で集まる親の会がある。規模や活動内容はさまざまであり、勉強会や子どもたちのキャンプなどを通して、障害の理解と交流を深めている。同じ境遇にある仲間と知り合えることや、地域の療育等に関する情報が得やすいことも利点である。

また、ボランティアによる支えも大きい。市区町村の社会福祉協議会ではボランティアセンターを運営し、その活動を支援している。NPO法人は営利を目的としない市民活動の一つで、企業や政府が対応しづらいサービスでも必要に合わせて柔軟に対応できる利点がある。障害者福祉に関するものも多く、法人化によりさまざまな機関に働きかけやすくなることから、親の会がNPOの法人格を取得する場合もあり、障害児とその家族を支えるさまざまな活動をしている。

2. 主な教育機関の種類と役割

　保育者は、保育所等の卒所後の見通しを持って保育をすることが必要である。ここでは障害児が関わる主な学校教育機関について述べる。

　学齢に達した障害がある子どもは、小学校か特別支援学校へ入学する。教育委員会は就学の相談や手続きなどを行う。比較的軽度の障害で小学校や中学校の通常の学級に在籍している児童・生徒に対しては、障害の状況に応じて別の場所で指導を受ける通級による指導や、教員定数を増やす加配が行われている。

　通常の学級での学習が困難な場合、小学校や中学校に必要に応じて設置されている特別支援学級に在籍する。特別支援学級は少人数で授業が行われるため、通常の学級よりきめ細かい指導が期待できる。

　特別支援学校は、障害のある子どもの生活や学習上の困難を改善するため適切な指導や支援を行う。ここでは、自立を目指し必要な知識・技能を身につけるための教育課程である自立活動の時間が設定されている。また、地域における特別支援教育のセンターとしての機能を持ち、各学校や保育施設などの要請に応じて助言等を行うことができる。

　福祉機関である放課後等のデイサービスの目的は、就学している障害児の生活能力の向上、社会との交流促進、および放課後の居場所の提供などである。学校の卒業後は、障害者雇用を行っている企業や福祉施設に就労することが想定されている。

第3節 個別の支援計画の作成と地域との連携

1. 園内外の連携の体制作り

　保育所や幼稚園に支援の必要な子どもが在籍している場合、担任や加配の保育者だけではなく、すべての職員が子どもを共通理解し、協力して支援していかなければならない。また、園内だけではなく外部の関係機関と連携し、情報を共有しながら、より良い支援の方法を探ることができる体制作りが重要となる。そのためには、園長は園内外の関係者が連携できるよう調整する担当者を指名しなければならない。

　幼稚園を含めた各学校の校（園）長は、その役割を担う特別支援教育コーディネーターを指名する。コーディネーターは管理職と協力し、園内の関係者が支援について協議をする園内委員会を設ける。さらに、保護者や関係機関の職員も参加し、支援の方法を検討する支援会議のために、保護者や外部の機関との連絡調整を行う。保育所については規定はないものの、同様の扱いとしている自治体もある。次に述べる個別の支援計画も、関係機関が連携して協議し策定される。

2. 個別の支援計画とは

　個別の支援計画とは、障害のある子どもが生涯を通して一貫した支援が受けられるように、さまざまな機関が連携して策定する計画である。それは、その子を取り巻く人たちが、アイデアを出し合い支援の方法を考え、それぞれのできる部分を確認し、足りない部分を補い合うためのツールである。しかし、その時点での支援を適切に行うことだけでなく、連携を通して形成されるネットワークによって長期的に支援していくことを志向するものでもある。すなわち、社会的集団の中で自立して生き

ていく将来を目指すという意味で、個別の支援計画とは、自分らしい生活を送る未来を実現させるためのツールでもあると言える。

文部科学省は、2003年の「今後の特別支援教育の在り方について（最終報告）」で、個別の教育支援計画の策定の必要を述べた。『幼稚園教育要領解説』では、長期的な視点に立った学校卒業後までの一貫した支援のためにも、関係機関と連携しさまざまな側面からの取り組みを示した計画（個別の教育支援計画）の作成が、『保育所保育指針解説書』でも、長期的な見通しを持った支援のための個別の計画の作成が求められるとしている。

支援計画は、保育所や学校などだけではなく、その子を主に支える機関が中心となり策定する。教育機関で策定されるものは個別の教育支援計画と呼ばれているが、趣旨は個別の支援計画と同様である。また、多くの保育所等では園内の保育計画と関連づけながら、障害のある子ども一人ひとりのニーズに合わせた保育の方法や内容、目標などをまとめた「個別の指導計画」を作成している。それに対して「個別の支援計画」は、地域の関係機関が連携し、長期的な視点を踏まえた支援を行うための計画である。関連しつつも目的が異なるため、どちらも必要なものである。

3. 個別の支援計画の作成

支援が必要な子どもがいた場合、障害の診断の有無にかかわらず個別の支援計画を策定すべきである。それは、子どもを支える中心的な存在である保護者と保育所や幼稚園、関係機関の共通理解の下で進める必要がある。個別の支援計画は個人情報であり、その扱いについては本人や保護者の了解が必要となる。個別の支援計画の策定を進めるためには、保護者との信頼関係を欠かすことはできない。障害の有無にこだわるのではなく、子どものできることも含め現状を話し合い、より良い発達のためにいっしょに考えていこうとする姿勢が大切である。

個別の支援計画の策定には、保護者や担任の願いや現在の課題を踏まえ、園内委員会で計画の原案を作成する。次の段階では地域の関係機関が参加する支援会議を開き、それぞれの意見や役割を踏まえ、誰がいつどのように支援していくのかを具体的に決めていく。記載すべき内容には、①医療・教育・福祉等各方面から考えた発達の課題を解決して充実した生活を送るために必要な事柄、②支援の目標とそれを達成するための具体的な支援者と支援内容、③実施した内容への評価と改定、などがある。様式に、国として統一したものはなく、現在は自治体や作成する施設ごとに、実情に合わせた独自の様式を設けている。

　この計画を基に保育所・幼稚園や家庭、関係機関で支援を実施し、不都合があれば計画を見直す。実態の把握を怠らず、定期的に会議を開き評価と改善を重ねていくことが大切である。保育所等から小学校や特別支援学校へ、そして学校を卒業し就労施設等へ、と中心となる支援の場が移行するときには、一貫した支援が途切れることのないよう、支援計画は更新されながら引き継がれていくよう配慮しなければならない。

第4節　就学の手続きと小学校との連携

1．就学までの流れ

　就学先は、就学指導委員会や就学時健康診断、あるいはその他の関係機関から得られた情報を基に、保護者の意見を十分に聴き、教育委員会との話し合いをもって決定される。その際に、初めて子どもの障害に直面する保護者も少なくない。したがって保育者には、保護者の思いを受け止め、不安に寄り添いながら、いっしょに考えていく姿勢が求められる。就学までの流れを**図表1**に示す。

図表1　就学までの流れ

	4月頃～	10月末日までに	11月末までに	保護者との話し合い	12月末日までに	1月末日までに
教育委員会		学齢簿の作成	就学時健康診断の実施		特別支援学校への就学⇒県教育委員会へ 小学校への就学⇒市町村教育委員会へ	県教育委員会が入学通知書の送付 市町村教育委員会が入学通知書の送付
就学指導委員会	就学相談の実施 ・学校の見学 ・実態の把握 ・関係機関との協議　等		・詳細な検査の実施 ・保護者の意向の確認 ・実態の把握　等			

(筆者作成)

　就学指導委員会では、発達の遅れ等によって就学に不安がある場合の就学相談を受け付けている。かつてと違い、市区町村教育委員会が専門家の意見のみを根拠に就学先を決定することはない。

2. 小学校との連携

　就学に向けて保育所や幼稚園は、発達の経過やその対応等の情報を小学校等の就学先に提供し、継続した支援のために細かな連携をとるべきである。保育所児童保育要録や幼稚園幼児指導要録に加え、個別の指導計画や個別の支援計画も活用する必要がある。情報を補うシートを作成し、保育所等と就学先の担任どうしが情報を交換できるシステムを取り入れている市区町村もある。保育所等と小学校では一日の流れに大きな違いがあるため、子ども自身も見通しと期待を持ち、安心して就学できるように、保育所等と小学校との接続を双方が意識し、どのように教育（保育）活動をつなげていくのかを考える必要がある。

　〔事例2〕就学について（発達障害がある宗一郎君の母、綾乃さんの話）
　　宗一郎が保育園に通っていた時、私と主治医の先生、担任の先生、加配の先生など、関係する人たちが月に1回程度集まり、会議を開いていました。

議題は行事への参加方法や困った行動をどうするかなどさまざまで、話は尽きることがなく充実した時間でした。

就学先は、通常の学級と特別支援学級とで迷いましたが、保育園の先生や主治医の先生に相談して、特別支援学級を希望しました。先生方は、就学指導委員会に今までの経過や意見を伝えてくださり、特別支援学級への就学が決まりました。入学前に就学先の校長先生と特別支援学級の先生が、宗一郎の様子を知るために保育園に来てくださり、そこで担任の先生から今までの保育の記録（発達、対応、保育の目標等）を渡し、入学後についても話し合うことができました。入学してからも、事前に連携し情報の交換をしていたために、不安は最小限に抑えられたように思います。

3. 社会・地域との連携と保育者

障害者が社会・地域の中で自立して、自分らしく豊かな生涯を送るためには、人間的な触れ合いのある自然な形で地域や社会に溶け込んでいなければならない。関係諸機関相互の連携も、究極的には本人と社会・地域とのつながりを生み出してこそ価値があると考えられる。日本社会全体がそのような状態に到達するにはなお時間がかかるが、そうした社会を創り出していく役割の一端を、保育者もまた担っている。

【引用・参考文献】

定藤丈弘・岡本栄一・北野誠一編『自立生活の思想と展望——福祉のまちづくりと新しい地域福祉の創造をめざして』ミネルヴァ書房、1993年

東京学芸大学特別支援プロジェクト編著『幼稚園・保育園等における手引書「個別の（教育）支援計画」の作成・活用』ジアース教育新社、2010年

一般社団法人日本保育学会保育臨床相談システム検討委員会編『地域における保育臨床相談のあり方』ミネルヴァ書房、2011年

第14章

障害児保育に関わる施策上の課題

海老名悠希

第1節　就学前の障害児をめぐる課題

1．保育者が「障害児」の早期発見に果たす役割

　目の前の子どもの何をもって「障害」と言うのかという問題は、多くの保育者、そして子どもの養育者たちがしばしば直面させられる問題である。生まれたときに「障害児」という名札をつけて生まれてくる子どもは一人もいない。つまり、現在「障害児」と呼ばれる状況にある子どもたちは皆、誰か大人によって「障害のある子ども=障害児」と認定されたからそのように呼ばれる。このことは、障害児保育に関わる大人全てが常に念頭に置いていなければならない。

　では、誰が子どもの障害を認定するのか？　人が抱えている持続的な困難を、最新知見に照らし合わせて障害があるものと認定することは、「診断行為」とも呼ばれる。診断行為は、現在のわが国においては医療の担い手である医師資格者だけに許されていることである。

　ある子どもが、自身に伴う困難に応じてより良く生きていくために、現在日本では、複数の分野にまたがる法制の下、障害児保育のための行政施策が整えられている。しかしどの子どもも、施策サービスを受ける

図表1　障害児に対する施策サービスが開始されるまでの道筋

発見	（リファー）	診断	認定	施策サービス（治療・療育・介入・経済的援助）
家庭、幼稚園、保育所、病院、保健所	幼稚園、保育所、保健所、療育機関	病院	役場、福祉事務所　※市町村による	病院、療育機関、保健所、福祉事務所

（筆者作成）

までには、どこかで「発見」され、誰かによって医療機関につなげられ（=「リファー」）、医師による「診断」を経て、障害と「認定」されるという共通の流れを踏むことになる（図表1）。

　保育現場はこの一連の道筋の第一歩である「発見」が行われるべき重大な現場である。しかし「発見」はあくまでスタート地点なので、ただ単に子どもの困難を障害呼ばわりして保護者に指摘し、それで満足してしまうのでは何にもならない。障害と呼べそうな困難やリスクを抱えた子どもを発見した場合、保育者は図表1の流れに沿って保護者と共にアクションを起こし、常にその子どもが現在どの段階にあるのかを把握する努力を継続する姿勢を保つことで、初めて保護者にとっての良き伴走者、支援者となることができるだろう。

　しかしながら、保育者には障害の早期発見を行うに足る知識・経験が不足しているという現状があり、このことは、保育者養成上の課題として、しばしば議論されている。保育者が障害に関して学びを深めることができる時間をもっと確保し、障害児保育の経験を充実させることは、今後も引き続き国を挙げての大きな施策課題となっていくと予想される。

2. 障害児を支える専門職種と職域分野

　現在、障害児保育に関わる主な専門職種は、〈保健・医療〉〈福祉〉〈教育〉という3つの分野にまたがり活動している（図表2）。

　〈保健・医療〉分野において障害児保育と関係する仕事をしているのは、医師、看護師、保健師である。保健師は、看護師免許を取得後にさらに養成校を修了した後、保健師試験に合格して得られる資格で、地域の母子保健、公衆衛生の実行役である。保健所、総合保健福祉センター、行政関係の部署や福祉事務所などに勤務している。各市町村単位で運営されている乳幼児健診（乳幼児健康診査、乳幼児健康診断とも呼ばれる）の運営役としても活躍している。

　〈福祉〉分野においては、主に児童福祉司、社会福祉士、精神保健福

祉士、そして保育士が障害児に関わる業務に当たっている。

児童相談所に配置義務がある児童福祉司は、特に障害を抱える児童の背景に虐待が絡んでいる際、ケースワーカーとして活躍することが求められる職種である。また、病院や行政窓口、福祉事務所など、福祉の現場に幅広い勤務先を持つ社会福祉士は、子どもの障害認定の際、申請者や保護者の支援を行う。医師から診断書を得た後、障害者認定のための手続きが円滑に進むよう、橋渡しをする役目を担うほか、経済的に困窮している家庭が生活保護の受給申請をする際にも、相談窓口として機能している。

精神保健福祉士は、障害の中でも精神障害に特化したケースワーカーであり、精神科の病院やデイケアなどで患者の生活支援や社会復帰支援を行っている。障害児の養育者に精神障害者がいる場合などには、保育者とも連携しながら家族支援を行う際のキーパーソンとなりうる職種である。また保育士は、児童福祉法に定められているとおり、児童福祉の専門家、福祉分野の担い手であり、保育所を含む児童福祉施設において、保育・養護活動を通して子どもの福祉の充実に貢献すべき職種として位

図表2　障害児を支える施策領域と専門職種

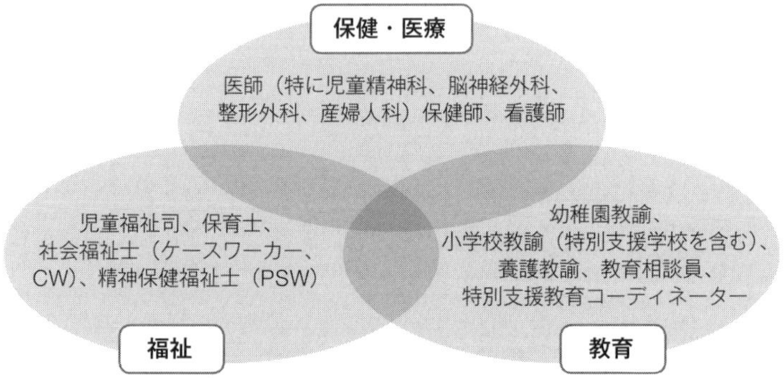

保健・医療
医師（特に児童精神科、脳神経外科、整形外科、産婦人科）保健師、看護師

福祉
児童福祉司、保育士、社会福祉士（ケースワーカー、CW）、精神保健福祉士（PSW）

教育
幼稚園教諭、小学校教諭（特別支援学校を含む）、養護教諭、教育相談員、特別支援教育コーディネーター

（注）「障害児」という言葉の「児」が示す意味を児童福祉法が定義する「児童」の定義とした場合、満18歳未満までを児童ということになるため、中学校、高等学校の教諭も含まれると言えるが、本章では小学校入学までに障害を発見された子どもをめぐる施策に焦点を当てて論じているため、図からは除外した。

（筆者作成）

置づけられている。

〈教育〉分野では、まず、学校現場に常駐している職種として、幼稚園教諭、小学校教諭、そしていわゆる「保健室の先生」である養護教諭がある。このうち養護教諭は、学校適応上の課題を抱えた児童・生徒の居場所を提供し、学級担任とは異なる立場で児童・生徒に対し指導・助言をすることから、昨今では家庭と学級担任のつなぎ役として、発達障害を抱えた児童・生徒の学級適応に大きな役割を果たすようになっている。また、発達障害や知的障害のある子どものために〈教育〉〈医療〉〈福祉〉の3分野の連携・促進と関係者への援助を行う特別支援教育コーディネーターが活躍している。

教育相談員は、各市町村ごとに設置されている教育センターに勤務している。教職経験者・教員退職者などが勤務することが多く、不登校児のための適応指導学級の運営や心理発達検査の実施、教職員や保護者の相談援助などを行っている。

保育者は、これら〈教育〉分野における専門職種の人と、主に幼小接続の際、申し送る立場として関わるだろう。幼稚園教諭は、小・中と続く義務教育に先駆けた幼児教育の担い手として子どもの発達を促進し、個々の特徴に合った教育を展開していく職種として位置づけられている。

一般に、「保育者」とひとくくりにされることが多い保育士と幼稚園教諭も、行政施策の担い手としては、それぞれ〈福祉〉〈教育〉と別の領域で活動しているという位置づけであるから、法的には役どころがかなり異なってくることになる。

3. 小学校就学までの障害児施策の現状と課題

障害児保育に関わる行政施策も、主にこの3分野にまたがって展開されているが、国の管轄官庁はというと、〈保健・医療〉〈福祉〉分野の管轄が厚生労働省、〈教育〉の管轄は文部科学省というふうに、2つの官庁管轄下に分かれている。そして実はこの点こそが、日本の現在の障害児

施策における多くの矛盾と課題を生む要因となっているのである。

　この点について、もう少し具体的に見てみよう。子どもが生まれてから小学校に就学するまでの進路の道筋と、障害児保育に大きく関係するライフイベントの大筋を**図表3**に示した。

　子どもが生まれたことを証明するために最初になされる法的手続きが、役所への出生届の提出である。出生届によって、子どもの存在が戸籍に登録される。この情報に基づき、義務教育である小学校就学に向けて、①～③の流れで必要な時期が来たら行政から通知の文書が送付されるシステムが敷かれている。

　乳幼児健診（「乳幼児健康診査」ともいう）は、厚生労働省の管轄の下に〈保健・医療〉分野で行われている事業である。実際には市町村ごとに母子保健事業に従事する保健師によって運営されていて、かねてより1歳6カ月健診（1歳6カ月を超え満2歳に満たない子どもが対象）と3歳児健診（3歳1カ月から満4歳に満たない子どもが対象）の2時期実施が重視されてきたが、近年これに加えて2歳児や5歳児健診の導入が進んでいる。子どもの発達の様相について専門職種が確認を行える場所として非常に貴重な機会であり、障害の発見においては重要な意味を持つ現場となっている。

　ところが、無料事業ながら任意参加のため、虐待状況にある家庭の子どもや障害の発覚を恐れる心理状態にある養育者が参加を避ける事例も少なくない。そういったリスク家庭の参加率を上げるために、現状では保健師が個別にリスク家庭に電話をするなどしているが、成果が十分ではない。そうこうしているうちに健診事業は全て終わってしまい、リスク家庭の動向を見守って、フォローする目が途絶えるということが生じてしまう。乳幼児健診を障害児の早期発見の場としてより万全に機能させるための〈福祉〉分野での行政施策の改善が急務の課題だと言える。

　ところで、この乳幼児健診事業が断続的に実施されるさなかに、子どもは早くも保育所をはじめとした児童福祉施設、あるいは幼稚園で日常

図表3　小学校就学までの子どもの主なライフイベント

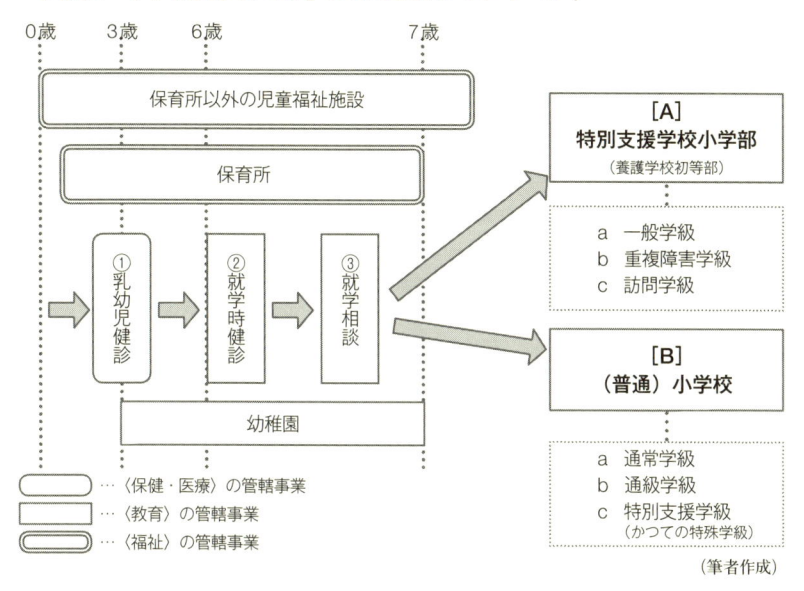

```
0歳    3歳    6歳        7歳

┌──────────────────────────────┐
│    保育所以外の児童福祉施設    │
└──────────────────────────────┘
      ┌────────────────────┐
      │       保育所        │
      └────────────────────┘
   ┌─┐  ┌─┐  ┌─┐           ┌──────────────┐
   │①│→│②│→│③│      ──→│     [A]      │
   │乳│  │就│  │就│          │特別支援学校小学部│
   │幼│  │学│  │学│          │(養護学校初等部) │
   │児│  │時│  │相│          └──────────────┘
   │健│  │健│  │談│           a　一般学級
   │診│  │診│  │　│           b　重複障害学級
   └─┘  └─┘  └─┘           c　訪問学級
         ┌──────────┐       ┌──────────────┐
         │  幼稚園   │   ──→│     [B]      │
         └──────────┘       │ （普通）小学校 │
                             └──────────────┘
   □ …〈保健・医療〉の管轄事業   a　通常学級
   ▭ …〈教育〉の管轄事業         b　通級学級
   ▬ …〈福祉〉の管轄事業         c　特別支援学級
                                   (かつての特殊学級)
                                         （筆者作成）
```

生活の多くの時間を費やすようになる。しかし、乳幼児健診は〈保健・医療〉、保育所を含む児童福祉施設は〈福祉〉、幼稚園は〈教育〉と、管轄分野はばらばらで、関わる専門職種もばらばらなのである。それなのに、連絡疎通を密にできるような、例えば定期連絡会の開催などの措置が行政施策としていまだ講じられていない。そのため、6歳になって〈教育〉分野で一斉に実施される就学時健診までの間、乳幼児健診の現場で保健師等〈福祉〉分野の専門職種によってリスクが確認されていた子どもがいても、その子どもがふだん通っている幼稚園や保育所にその情報が伝わっていなかったり、伝わっていてもその情報が保育現場で有効活用されなかったり、ということが生じている。

　障害の早期発見が何より重要である理由は、その子の障害に合った保育上の工夫を早期に開始できるからということだけではない。障害児にとって、就学先の適切な選択こそが、将来の自立的生活のためには決定的な要素になるからである。

現在、日本では初等義務教育を受けるための就学先として、特別支援学校の小学部と普通小学校という2つの選択肢がある。そしてそれぞれの学校種に3つの学級種がある。子どもにとって最も適した選択肢を検討するうえでのタイムリミットは、実質、就学相談の場となっている。しかしこの就学相談は就学時健診と異なり、一斉に実施されるものではない。保護者による事前申し込みが受理されるか、就学時健診の結果を踏まえて特別支援学校への進学が検討されるべきとの判断があった子どもに対し、教育委員会側が保護者を誘導した場合に限って実現されるものである。そのため、就学相談が実施されるまでに、子どもの障害に関して、診断や認定までの段階が踏まれていることが最も望ましい。ところが、同じ〈教育〉分野の幼稚園でも、園の側がよほど綿密で周到なアクションを起こさない限り、就学時健診や就学相談とうまく連動しながら園児の進路支援を展開することは困難である。幼小接続における申し送りの仕方、確実に小学校へ申し送るべき伝達項目、情報量、情報の質なども、全て現場任せとなっているのが現状である。保育所と小学校の間の申し送りについても同様の現状がある。

　このように、障害の発見から施策サービスの恩恵を受ける段階に至るまで、子どもに関わる専門職種が異なる分野に属しており、それぞれが限られた範囲でしか子どもに関わらないことによって、一人の子どもに関する情報が共有されにくいという点がさまざまな施策課題の本質的な背景となっている。〈保健・医療〉〈福祉〉〈教育〉と3つの分野にわたって、さまざまな専門職種が障害児を支援するといえば聞こえは良いのだが、今の施策状況では、生まれたときから少なくとも小学校入学までの間、常に同一の子どもの状況を領域横断的に全体的視点で把握できる立場にいる職種が存在しない。そればかりか、個々の子どもに関する情報が別々の現場に保管されていて、その情報の共有は、専門家個々人が意図的にアクションを起こさない限り実現しない。保護者にとっては、子どものために支援サービスを受けようとするたびに、あちこちの現場で

何度も同じ事情説明をしなければならないというもどかしさがある。

　就学前までの子どもと一番長く継続的な時間を過ごす立場にある保育者には、そんな子どもと保護者の道のりを常に見守りながら、専門職種間との密接な情報共有、連携関係の構築を心がけ、最も身近な伴走者としていっしょに戦ってほしいものである。

第2節　障害児の就学先をめぐる課題

1.〈保健・医療〉〈福祉〉分野における障害の区分とその課題

　障害分類別に見てみると、障害児保育をめぐる施策について、また別の複雑な問題が明らかになる。そのためにまず、分野別に障害区分とそこにある課題を整理しておこう。

　現在、〈保健・医療〉および〈福祉〉の分野においては、障害は「身体障害」「知的障害」「精神障害」「発達障害」の4つに区分されている。医師が、なんらかの疾病や障害があると診断する際は、世界共通で用いられている診断基準（よく用いられるものに、世界保健機構によるICD-10がある。精神障害や発達障害については、アメリカ精神医学会によるDSM-Ⅳ-TRが参照されることも多い）の分類と照合して、どれに当てはまるか判断し、結果はカルテに「診断名」として記載することになる。しかし、行政による施策サービスにおいては、それら膨大な診断名のうち、難病などの特定の疾患は別に扱い、残りは基本的に4つの障害区分としてまとめ、区分ごとに施策を充実させるという方策をとっている。

　この障害の4区分は、歴史的には戦後から現在にかけて、**図表4**の左枠内に上から示す順に、必要性に応じて制定されてきた。これら4つの障害区分のうち、発達障害を除く3区分については、医師の診断書を付

図表4　管轄省庁別の障害区分とその対応関係

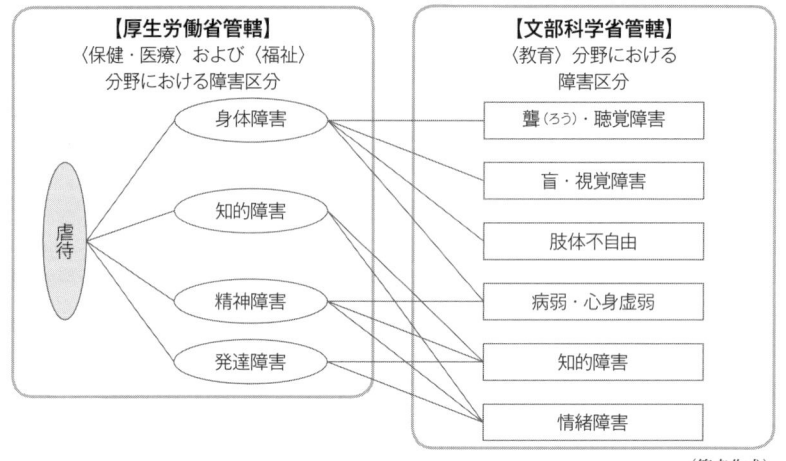

【厚生労働省管轄】
〈保健・医療〉および〈福祉〉
分野における障害区分

- 身体障害
- 知的障害
- 精神障害
- 発達障害

虐待

【文部科学省管轄】
〈教育〉分野における
障害区分

- 聾（ろう）・聴覚障害
- 盲・視覚障害
- 肢体不自由
- 病弱・心身虚弱
- 知的障害
- 情緒障害

（筆者作成）

して必要な書類申請を行うことによって、それぞれに障害者手帳が交付されるしくみとなっており、手帳の提示によって行政が敷いたさまざまな障害児に対するサービスが受けられる（身体障害に対しては「身体障害者手帳」、知的障害に対しては「療育手帳」〈「愛の手帳」などの呼称で交付する自治体もある〉、精神障害に対しては「精神障害者保健福祉手帳」）。しかしながら、発達障害は2005年の発達障害者支援法の施行に合わせて加えられた最も新しい障害区分であり、まだ発達障害者専用の手帳は制定されていない。そのため、他の障害を併せて認定できない単一の発達障害児に対する行政サービスは、完全な抜け穴となっている。保育現場で保育者が最も多く出会うであろう発達障害児に対する支援施策が最も未整備という状況に対し、喫緊の施策充実を望む声が寄せられている。

　また、被虐待児の場合は、受けた虐待によって、4つのどの障害にも認定される可能性があるが（**図表4**）、心身に受けたダメージに対しては一生涯にわたる支援が不可欠である。虐待が近年増加の一途をたどっていることを踏まえれば、現行の障害区分に虐待による総合的障害の枠を設置するなどの改善の余地があるだろう。

2.〈教育〉分野における障害の区分とその課題

　教育現場に足を踏み入れると、教育方法や援助方針の違いなどから、子どもの障害は〈保健・医療〉〈福祉〉分野と全く異なる独自の6区分に分けられることになる（**図表4**の右枠内）。

　各都道府県ごとに、普通学校内にある特別支援学級と特別支援学校（現在は養護学校という校名のままの場合もある）の数が規定されている。この6つの区分の中から、普通学校内にある特別支援学級の場合は原則1学校ごとに1種類（学級数は複数あることが多い）、特別支援学校の場合にも学校ごとに1種類の障害区分が定められている。したがって、通える範囲に望む障害区分の特別支援学級あるいは特別支援学校がないことを理由に、就学に備えて転居をする家族もある。障害児の教育に関わるこれら6区分の学校・学級の絶対数を増やすという施策改善は、全国的に求められるところである。

　もう一つ、教育現場においては、クラス担任の人事配置にも大きな問題が生じている。残念ながら現行のシステムでは、教員の得手不得手などが人事配置に全く反映されない。それどころか、普通学校内にある特別支援学級について言えば、通常学級の教員免許状があれば、どの教員も学級担任になる可能性がある。これは、保護者にあまり知られていないことである。保育者と同様に小学校教諭も、障害児を教育するうえで相当の自己努力が課されるという現状があり、重責を感じながらも日々奮闘する教員の負荷の大きさには、想像以上のものがある。

　日本の場合、聴覚障害と視覚障害の児童に対する特別支援の歴史は長く、教材開発などは他国の現状と照らし合わせても非常に優れていると言える。聴覚・視覚に障害を持つ子どもは、重複して他の障害を持っていても、原則優先的に聴覚・視覚障害の校種に就学することとなる。聴覚障害と視覚障害を両方抱えている場合には、重度なほうの校種が選択される。一方、慢性の心疾患や小児がんなどの疾患を持つ児童は病弱・

心身虚弱児として、公立病院に学校を隣接設置し教育されてきたが、近年、深刻な不登校児童の就学先としても選択されるようになっている。

一方、知的障害、情緒障害の区分けは非常に複雑である。「発達障害」という概念が精神医学や脳科学の分野で明確に規定されるようになる以前から、知的障害も併せ持つ発達障害児の場合は、原則的に知的障害の校種が選択され、そのような措置は現在も継続している。しかし、医学的には背景になんらかの発達障害があるとしても、いわゆる暴力的な激しい言動が多く見られ、自傷他害の恐れが大きく、自己コントロールが難しい状態が日常的にあり、学校生活や社会生活に大きな支障がある児童だけはまとめて「情緒障害」として別途区分されてきた。この「情緒障害」児のための特別支援学級や特別支援学校は、被虐待経験によって精神的ダメージを強く受け、それによって情緒が安定しない状態にある児童の就学先としても選択されている。

以上のように、〈教育〉分野における障害区分は、教材に求められる工夫や配慮、教育計画の立てやすさなどの観点に着目した独自の区分となっている。もともと〈保健・医療〉や〈福祉〉の分野と一致していなかったことに加えて、近年〈保健・医療〉分野から発信された「発達障害」という新しい概念に全く対応しきれていないために、現行区分はよりいっそう複雑な様相を呈しており、もつれた糸が解かれないまま現在に至っている。

第3節　障害児の増加と施策の視点

1. 増えていく軽度障害児

これまで述べてきたように、現在、わが国の障害児保育をめぐる施策

は、〈保健・医療〉〈福祉〉〈教育〉の3分野、厚生労働省と文部科学省の2省庁にまたがって展開されている。障害児の早期発見という観点から見た場合には、分野をまたいだ他職種との連携のしにくさ、情報共有の難しさといった課題がさまざまな次元で生じている。さらに、分野ごとに障害区分自体にも違いがあって、複雑な現状をすっきりさせるための擦り合わせ作業が行われていない。

　今、日本の保育事情は大きな転換期を迎えている。30年前には取り上げられることのなかった少子高齢化、男女の晩婚化、低体重児の出生率の増加、環境汚染による母体環境の悪化、女性就労率の増加に伴う出産女性のストレスの増加、先進国の動向に反して増加する女性の喫煙率などが話題となっている。残念ながらこれらは全て、母体内で十分に成熟した子どもが安全に生まれ育まれる可能性を低める要因になるものばかりである。軽度の障害児が増えていけば、ますます障害の早期発見には細やかな視点が必要になるし、子どもの発達に伴う変化が専門職種間で緻密に確認されることが必要になるだろう。そして、就学時の進路に迷う保護者が後を絶たず、特別支援学級や通級学級などの増設もますます声高に叫ばれるようになるだろう。

　保育者が、障害や疾病の早期発見者としてこれまで以上に機能することが求められるようになってきている。情報を常に求める姿勢を忘れず、同時に見極め、厳選して現場に生かす姿勢がますます必要になってくる。このことを十分に自覚し、効率よく見分ける機動性を養う必要がある。

2. 障害児保育施策を議論するために

　障害児保育に関する議論が白熱すると、必ず一部から「子どもにはそれぞれに個性がある」「その個性を大事に育てることこそが教育だ」「障害児という言葉で子どもを区別すること自体が差別だ」などの反論が起き、議論が擦り替わってしまうことがある。確かに、障害と言える部分も含めてその人自身の個性や特徴を捉えるという態度には異議はない。

しかし、「子どもがより良く生きられるよう援助する」という児童福祉の理念から言えば、子どもの個性を大事にするということを、障害を抱えている子どもに気づくことができない理由にすることは許されない。むやみな「様子見」は、早期発見の引き延ばしにしかならない。より早期にその子どもが生きていきやすくなるような処置や対応、介入が行われる可能性を常に模索する、不断の取り組みが肝要である。

　「障害観」は本来人それぞれ、人生経験や価値観によってさまざまであるはずだ。今後、行政施策が子ども自身にとって生きやすい社会になるよう改善されていくためには、もっと障害について全体的な議論が尽くされる必要があると思われる。施策を実行する側である保育者自身にも、自分が持っている「障害観」を見つめ、常に内省し、考えを深めていく態度が求められる。

【引用・参考文献】

　青木建・宮本信也・石塚謙二・西牧謙吾・柘植雅義監修、土橋圭子・今野正良・廣瀬由美子・渡邉慶一郎編『特別支援教育の基礎——確かな支援のできる教師・保育士になるために』東京書籍、2009年

　海津敦子『発達に遅れのある子の就学相談——いま、親としてできること』日本評論社、2005年

　海津敦子『発達に遅れのある子の親になる②——特別支援教育の時代に』日本評論社、2007年

　清水貞夫・中村尚子編『障害者福祉の現状・課題・将来』（障害児教育シリーズ4）培風館、2003年

　高野陽・柳川洋・中林正雄・加藤忠明編『母子保健マニュアル〔改訂7版〕』南山堂、2010年

　藤本文朗・小川克正編『障害児教育学の現状・課題・将来〔改訂版〕』（障害児教育シリーズ1）培風館、2006年

第15章

障害児保育の事例演習

海老名悠希

第1節　事例報告のまとめ方

1．「事実が伝わる報告スキル」を高めよう

　保育現場で子どもに気になる様子が見られ、同僚や先輩保育者、さらには外部の専門家に意見を求めることは多くあるだろう。そのようなとき、子どもとの関わりを実際に確認することができない人物にリアルで正確な状況をイメージさせるためには、言葉の選び方や表現の仕方、つまり事例を報告する側の報告スキルが非常に大きく影響する。

　筆者がカウンセラーとして保育相談に乗った際に体験した実際の例を挙げてみよう。事例検討会で若手保育者が、「自分が受け持っているクラスで、"偏食"があって、とても気になる子どもがいるんです」と報告した。"偏食"か…。筆者はとっさに、食事以外にもさまざまなこだわりが見られる子どもである可能性がないだろうか、などとイメージを膨らませた。しかしその保育者は、「給食で白い御飯が出ると、そこだけ食べないんです。どうも、味がしないのが本人は嫌らしくって…」と説明する。〈それで、ふだんはどのように対応をされていますか？〉と尋ねると、「おかずのお肉や炒め物など、その時によって混ぜられそうなおかずを御飯の上に乗せてあげています」。〈混ぜると、食べられるってことですか？〉「はい、混ぜた部分だけ食べるんですが、何も乗っていないところは手をつけないんですよね…」というやり取りになった。〈はぁ…。ところでそのお子様は、おうちで白い御飯を食べる習慣はあるようですか？〉「ああ、家で食べる習慣はないんです。いつもふりかけ御飯だけらしくて。お母様自身、白い御飯を食べるのが好きじゃないって…」とやりとりは続いた。

　保育場面で問題視されるいわゆる"偏食"は、五感覚（視・聴・味・

触・嗅）の発達状態が非常にアンバランスなことが背景となって本人に独特の強い好みが生じ、それによって食行動に大きな偏りが生じている状態を言う。しかしこの子どもの場合、"食べ慣れていないものを食べる習慣が身についていない"ということにすぎないと考えられた。この場合、保育者は、なんらかの意味で目を引く言動が見られる子である、ということは報告できたかもしれない。しかし"偏食"という言葉を選んだことによって、事例の聞き手が抱いたイメージと実態を擦り合わせる作業にずいぶん時間を要してしまったと言えるだろう。

　このように、報告スキルを磨かないままに"偏食""目が合わない""こだわり行動""自閉的"などの発達相談に関する専門書に出てくるような用語を多用して、お互いにその用語が示す状態について擦り合わせることなく議論が進んでしまうと、事例検討の場がどんどん現実の子どもの実態と離れていき、せっかくの検討内容も、現場をより良くするために大して生かされずに終わってしまうから気をつけなければならない。

　現場の実態がリアルに伝わる報告スキルを磨くためには、どのような情報を集め、どうまとめればよいかを知ることが大切である。まずは、そのためのエッセンスを以下に示そう。

2. 事例報告のために収集するべき情報項目

(1) 基本情報

　保育対象児の氏名、年齢（特にあらゆる面で成長が著しい3歳児未満の場合には、満年齢に加えて月齢も添えることが望ましい）、住所、所属クラスの特徴（年少・年中・年長などの別、何人学級か等）、保育者との関係（いつから保育者の所属園に在籍しているのか）などが含まれる。

(2) 主訴

　主訴とは、問題事例を一言で言い表したもので、単語あるいは一文単位で表現されるべきものである。病院受診患者に対する「慢性的な頭

痛」「頭痛と下痢、のどの痛み」、あるいは心理相談への来談者に対する「やる気が起きない（無気力）」「落ち着きがない」「学校に行けない（不登校）」などがこれに当たる。事例の報告を受ける側にとっては、主訴にその事例の本質が端的に表現されているほど伝わりやすい。したがって、主訴を表現する力は、報告者の臨床能力を反映すると言っていい。情報をまとめ、振り返りながら主訴を練り直していく作業の中で、保育者自身が「今、自分はこの子どもの何に困惑しているのか」について新たに気づくことが出てくることもあるだろう。

(3) 問題の経緯

医療現場においては「現病歴」と呼ばれる部分。主訴の内容を主軸にして、現在の状況が「いつ（頃）から」「どこで（どんな場面で）」「どんなふうに」生じ、それに対してこれまで「誰が」「どんなふうに」対策を講じてきたか。その対策が「どんな」影響をもたらしていて、今現在「どうなっているか」、ということを時系列に沿ってまとめる部分である。

保育場面での相談事例においては、子どもの得意・苦手な作業、（保育者の働きかけに対する）応答性やその特徴、強いこだわりや好みの内容、子どもどうしの人間関係の特徴などを織り交ぜて詳述するとよい。

できるだけ客観的な事実の描写を連ねていくよう留意が必要な項目でもある。そのためには、「健常な発達の道筋」から逸脱していると感じられる子どもの言動を忠実に描写するよう心がけることが肝要である。

(4) 身体的既往歴

身体の疾病に関する罹患・通院歴をまとめる情報項目。睡眠、食欲、常備薬（の内容）、熱性けいれんの有無（あるなら、いつ、どこで、どのくらいの時間、どんな様子だったのか）、感染病歴（いつ、どんな種類のものに罹患したか）、手術入院歴（いつ、どのくらいの期間、身体のどこを、何のために手術入院したか）等が含まれる。

(5) 生育歴

　子どもの生育に関する情報をまとめた情報項目。胎児期から時系列に情報を整理する。胎児期に、母体が感染症や妊娠中毒症、飲酒・喫煙など、リスクの高い状態になかったか。分娩方法（自然分娩、帝王切開、吸引分娩等）、分娩時に問題がなかったか（へその緒が巻きついて呼吸困難な状態だった、出生時に呼吸停止するなどの仮死状態があり、産科医や助産師による処置で息を吹き返した、産声がすぐに出なかった等）、出生時の体重、授乳の種類（母乳、ミルク、混合の別）と飲みぐあい、夜泣きの頻度、離乳の時期、発語・歩行が初めて見られた時期、等の情報が人生初期に関する生育歴の主要な情報となる。また、引っ越しの経緯、保育所や幼稚園の転所・転園などの経緯も生育歴に含まれる。以前通っていた園での子どもの様子などの情報も、分かる範囲でまとめておくとよい。

(6) 家族歴

　子どもの育ちに最も重要な影響を与える家庭の環境に関する情報項目。同居している人物とその続柄、そのメンバーが同居生活を始めた時期、同居している人物それぞれの年齢、性別、職業・所属などである。保護者の婚姻歴、血縁関係、ペットの有無などもここに含まれる。また、筆者が思春期くらいまでの子ども対象のカウンセリングにおいて重要視しているのが、就寝時の環境と自室の有無である。

　妹が生まれたばかりの年長児が、おっぱいを吸いたがったり、気に入らないことがあると我慢できていたはずの場面で人目をかまわずひどく泣き叫んだりと、赤ちゃん返りと呼べる情緒不安定が顕著な状態となり、保護者が来談したことがある。よく話を聞いていると、びっくりするような事実が浮かび上がってきた。妹が誕生するまでは両親に挟まれて川の字で寝ていたその年長児に対し、「スペースがなくなったからしかたなく」、廊下を隔てたはす向かいの部屋に1人で寝るようしつけたというのである。ある日突然1人ぽつんと寝るように言われて、どれだけ寂し

い思いをしたことだろうか。保育者が「この子、最近どうしちゃったんだろう?」と感じているような子どもの家族歴を確認すると、その少し前に就寝環境や自室を与えられるなどの家庭内での変化が生じており、そのタイミングが子どもの心の状態に沿ったものではないことによって情緒不安定になっていた、という事例は意外に多く見受けられる。

第2節　事例に関する情報収集の仕方

　これまで多角的な視点から、事例検討のために聴取すべき情報項目を詳述してきた。しかし、保育活動の中で、これらの情報を収集するのは非常に困難だ、と感じる保育者もいるだろう。そこで、実際にどのような場面・人物から情報収集をしやすいかについて以下にまとめる。

　障害児保育を行ううえで、家族との良好な信頼関係の構築が不可欠であることは言うまでもないが、善意や信頼関係だけでは良質な保育方針を生み出すことはできない。保護者との信頼関係を構築できたなら、保護者とともに綿密に多角的に子どもに関する情報収集を行い、事例を偏りの少ない目で振り返り、その事例に対して保育者としてできる最善・最大限のアクションを起こしていくべきである。

1. 基本情報および身体的既往歴に関する情報収集

　基本情報の多くは、入園手続きの際に各自が提出を義務づける家庭調査票によって収集・確認できるだろう。一方、身体的既往歴は子どもの障害を確認するうえで欠かせない情報項目でありながら、多くの場合、保育者が通常の保育活動の中で収集することは難しい。しかし、集団保育を安全に衛生的に行ううえで保育者が把握しておくことが不可欠な情報群なので、情報収集を諦めてはいけない。ベテラン保育者は、あらか

じめ収集する情報について目標を定めて個人面談の場面や送迎場面を有効活用し、保護者から確認しているようである。
　また、その事例と関わりのある療育の専門機関に問い合わせたり、保健師・心理士等による発達巡回相談の場面を活用して情報を共有しておくということも行われている。医療機関にかかっている場合には、保護者の了解を得たうえで医療機関のケースワーカーに情報提供を依頼するのもよい。中には、身体的既往歴を確認しても大きな疾病の経緯がないのに登園が安定しない子や、保育現場では特段けがをしやすい特徴があるように見えないにもかかわらず、頻繁にあざやけがをしていたり足を引きずって登園してくるような園児がいる。これらの事例には、身体的虐待の事態が潜んでいることがあるので、留意が必要である。

2. 問題の経緯および生育歴に関する情報収集

　問題の経緯、生育歴は、保育者が場面やタイミングを工夫することで保護者から直接聞き取ることができ、比較的収集しやすい情報項目のように感じられるだろう。しかし、限られた情報だけで判断することに大きな落とし穴があるということを強調しておかなければならない。
　生育歴の情報確認作業は、虐待の早期発見につなげることができるという点においても特に重要である。乳幼児期の生育歴のほとんどは母子健康手帳に記録がある。発達巡回相談の際に母子健康手帳を保護者に持参してもらうようにしたり、市町村による乳幼児健診の前後、保健師に伝えることを保護者との間で確認し合ったりすることもできるだろう。母子健康手帳を紛失したと報告したり、母子健康手帳の閲覧を許さなかったり、生育歴に含まれる子どもの情報についてほとんど回答ができない保護者の中に、虐待ハイリスク家庭や産後うつ病の母親が含まれる。また、生育歴を確認する中で、母乳が出たにもかかわらず「吸いつかれるのが嫌だ」という理由でミルクを与えていた、と報告した母親による虐待事例を筆者はこれまでに2度体験している。

また、生育歴項目はほとんど過去の情報なので、これが乏しいという場合、母親が産後うつ病や子育てストレスによる過度の疲弊状態にあり、過去のことを思い出せない精神状態になっていることがあり得るのである。うつ状態や一部のうつ病の症状に、これまでなんとも思わなかった日々の生活全てがおっくうに感じられる、思考力が落ちる、記憶力が弱くなる、ということが含まれる。多くの市町村では、産後うつ病のリスクを測る尺度が健康手帳に含まれるようになっている。生育歴に関する情報収集の作業を通して、初めて母親の初期の養育上の苦労、疲労度がいかばかりのものであったかが透けて見え、保護者をこれ以上追い詰めない保育方針を探っていく必要性を強く感じるようになった、という展開も保育現場ではよく見られる。

3. 家族歴に関する情報収集

　家庭内の状況を掘り下げることになる家族歴は、保育者が立ち入れないと感じやすい領域であろう。特に保護者の婚姻関係などについては、保育者としては深入りできない、という声もよく寄せられる。そんな中でも比較的情報収集しやすいのが、毎日の送迎場面であるようだ。さりげなく保護者に話しかけ、その日の子どもの様子を報告する。そのような保護者との日常的な関わりが積み重なり信頼関係ができてくると、ある時、保護者の語りの中で確認できそうなタイミングが来ることがある。そのようなタイミングを逃さないために、ふだんから確認すべき事項を意識化しておくとよい。

　家族歴の情報収集には、福祉分野の専門家、スクールカウンセラーや巡回相談員など、相談業務を専門とする連携職種が保育者の大きな力になるだろう。すでに園外の専門職種が関係しているケースで、情報を把握することが保育現場にとっても有意義であると考えられる場合には、保育者の側から、収集できない情報があることを率直に伝え提案することで、守秘義務に配慮しながら情報共有の場を持つこともできるだろう。

第3節　障害の早期発見と保育の視点

1. 肢体不自由児

　通常保育の現場にいる保育者が関わることが多い肢体不自由に含まれる疾病には、脳性麻痺、ペルテス病、筋ジストロフィー、口蓋裂、斜視、弱視、難聴などがある。ここではこれらの疾病に関して詳述することは避けるが、いずれの疾病においても保育者は疾病の第一発見者になりうるということを強く念頭に置いて保育に当たるべきだろう。

(1) 肢体不自由の早期発見につながる所見

① 歩き姿……どちらかの足を引きずるように歩く。立位姿勢での足の開きに非常に大きな左右差がある。目立つくらいのがに股や内股。年中ぐらいの年になってもまだ左右に身体を大きく揺らして走る。1歳未満児で、おむつ替えの場面での足の開きぐあい、曲がりぐあいに左右差がある。靴底の擦り減り方に顕著な左右差がある。

② 走り姿……走り方が独特である。よく見ると、いつも足指が浮いていたり、足の外側に重心が行きすぎるなどして、足底全体が床に接地できていないことが多い。散歩や運動の後、膝が痛そうなそぶりが見られる（年長児の場合、訴えてくることもある）。よく転ぶ。

③ 階段昇降や飛び降り……階段昇降時に、いつも左右どちらかの手すりに重心を預けて昇る。片足に体重をしっかり移動して、交互に足を動かして階段昇降をすることが困難に見える。

④ 手先の不器用さ……折り紙やあや取り、ペン・箸を持つ場面で、明らかに不器用さが際立つ子どもで、よく見てみると、スムーズに曲げられず浮いてしまう指がある。じゃんけんや手遊びにおいて、指

を素早く曲げて特定の形を作ることの不自由さが見られる。

(2) 肢体不自由が疑われる児童への保育上の留意点

　上記のいずれの特徴も、突発的な外傷が原因でそうなったというような理由が思い当たらない場合、肢体不自由を視野に入れて経過観察することが重要である。肢体不自由が疑われる子どもは、保育者の目からは動きがおおざっぱで活動的、というだけの印象である場合も少なくないが、動きの量や大きさは、上記の所見とは関係ないので注意してほしい。肢体不自由の早期発見には、むしろ動きのアンバランスや左右差に関する所見が重要になってくる。子どもは、本当は不自由が存在している自らの身体の特徴を自覚したり意識できることのほうがまれで、動ける部分を最大限動かして他児と同様の遊びや活動を興味の赴くままに行おうとする。そのため自然と身体にとって負担の大きい運動が蓄積されていくことになり、将来的に痛みや強い凝り（筋肉の拘縮）が生じていくことになりかねない。適切な対応が講じられなければ、いずれの肢体不自由も状態がより悪化することになるので、早期発見されることが子どもの未来にとっては最も重要である。経過を見守りながら、タイミングを見て家庭で同様の把握がされているか確認する。また、乳幼児健診等において外部専門家から同様の指摘がされていないか、あるいは次回の健診時に相談してみるのはどうか、などの働きかけもするべきだろう。

　また、保育現場では、筋肉の過度な緊張よりもむしろ過度な弛緩から肢体不自由が発見されることが少なくない。一方、後遺症が残るほどの外傷が繰り返されている場合には、身体的虐待を疑って即応してほしい。

2. 知的障害児

(1) 知的障害の早期発見につながる所見

　知的障害は、脳の機能の全般的な発達の遅延が特徴である。したがって保育場面では、何をやるにもひと手間多くかかる、声かけや働きかけ

に対する反応の鈍さや遅さ・ずれが見られ、時間が区切られると目標達成に至らずに終わってしまう、といった所見が当てはまる子どもの場合、知的障害の可能性を視野に入れて様子を確認していく必要がある。脳の機能の全般的な発達の遅延という特徴から、言葉の遅れだけが独立して見られるというのではなく、身体の動きも全体的に不器用で遅く、じっくりどっしりという印象である。

　往々にして、知的障害は言葉の遅れから疑われることが多い。知的障害の場合、言葉の遅れの背景には、年齢平均と比べた場合の言語理解力の低さ（単語を覚えるのに時間がかかる）、言語力（長い文章を理解することができない。言葉を正しくはっきりとした発音で覚えられていないために、なんとなく伝わるような言葉遣いをする）や記憶保持能力の低さ（長い文章を全て聞き取っておくことが苦手で、途中から何を尋ねられたのか分からなくなり、結果として複雑な質問に答えられない）、書字能力の遅れ（見たものをスムーズに書き取るという協応動作や認知力が弱い）などが特徴的に見られる。しかし、人の感情を読み取ったり、言葉以外の手段で感情を表現したりといったコミュニケーション能力の発達には問題が少ない。そのため、手はかかるが人なつこい子、という印象を持たれがちである。

(2) 知的障害が疑われる児童への保育上の留意点

　知的障害かもしれない、と保育者が考えるような子どもがいたら、その子どもの養育環境について十分な情報収集ができているか、立ち返ってみるべきだ。というのも、脳の機能としては平均的な状態を持って生まれてきたとしても、大人によって適切な発達刺激が与えられない養育環境にあれば、その子どもは後に知的障害と認定されうるからだ。その良い例が、アヴェロンの野生児、あるいは、虐待の一種であるネグレクト（養育放棄）の被害児である。筆者も、乳幼児健康相談時に母子健康相談を担当した際、まさにこのことを実感させられるような体験をした。

　明らかに知的障害と言える特徴を持った3歳児を連れて、祖母が相談

に現れた。言葉の遅れが気になるという。家族歴を確認していると、母は未婚で本児を出産後、3つもの職に就いており、日中から深夜にかけてほとんど家を空けている。それでも日中、子どものめんどうは全面的に祖父母が見ているから問題はないはずだ、と祖母は言う。しかしよく聞いていくと、その祖父母は自営業を営んでいて、実際には子どもは日中一人遊びをしている状態である。食事の場面においても、祖父母どうしが大人の会話で盛り上がり、しつけや教育的配慮から、本児の発達に合った声かけや対応をしている大人が誰も確認できなかったのである。

　ところで、ダウン症や自閉症等、一部の疾病や障害では、知的障害も併せて診断されることが多い。そのような場合には、その疾病や障害の特徴をよく理解したうえで保育上の対応を工夫することが肝要となるだろう。しかし、単独での知的障害が疑われる子どもの場合、通常の保育現場にただ身を置くだけでは、子どもは、自分に対する自信（自尊心）を育みにくいという点に留意することがとても大切である。保護者は生まれたときから子どもを見ていて、たとえ子どもの言葉がつたなくても、言いたいことは表情や発する言葉で十分に理解できてしまうことから、多少は不安に感じても、あまり問題視しないでいることも少なくない。加えて重複障害のない軽度の知的障害児の場合、本当は理解できていない場面でも、笑顔を作ったり、うまく周りの園児の様子を見分けて、分かっているような言動をすることも多い。毎日歌う歌の歌詞をいつまでも覚えられない、という事態に対する本人なりの工夫として、保育者も見抜けないくらいうまく口パクをするようになる、ということもある。そのため保護者の中には「この子は理解している」「保育者のやり方の問題だ」と信じ切っていて、知的障害などの言葉を不用意に提示すれば、保育者に対し否定的感情を募らせるだけの結果に終わることもある。

　子ども自身と保護者の自尊心を守りながら、子どものペースでできるような十分な時間的余裕を確保し、さりげなく必要最低限の手助けをして、「自分でやってみた、自分もできた、できるんだ」といった気持ち

が積み重なっていくよう、保育上の対応を工夫することが必要となってくる。卒園後は通級学級や特別支援学級に配属となることも多いので、保育者としては先を見据えて、保護者の受け入れ状況も見極めながら、地域資源に関する情報提供を含めた家庭援助を行うように心がけたい。

3. 発達障害児

(1) 発達障害の早期発見につながる所見

　保育者や保護者が関わりづらい、育てづらいと感じる子どもの多くが、現在は発達障害という領域の中に位置づけられる。平たく言えば、脳の機能発達が全体的にアンバランスなのが発達障害である。アンバランスであるため、同齢他児と比べると非常に習得が早い点がありながら、同時に非常に苦手で習得に時間がかかる点もある、という特徴が見られる。何が得意で何が苦手なのか、という偏りの型によって、発達障害の種類が細分されていると考えると理解しやすいだろう。発達障害の中の下位分類については分かりやすい解説書も出ているのでここでは割愛するが、保育現場においては、集団活動から逸脱してしまう、他児と交わることを好まず独自のルールで一人遊びに熱中する、五感覚（のうちのどれか）に過敏性が見られる、急な変更や変化を嫌い、いつもどおりだと落ち着く（常同性へのこだわり）などの所見がある場合、発達障害を疑うことになる。また、前述した本質的な特徴から、平均的な発達の道筋どおりに発達しない、学びの順序に個性がある、といった点も発達障害児全般に共通している。交通事故や大きなけがなどのトラブルに巻き込まれやすい、背中や肩、首などがいつも緊張しているようないでたちである、といったことも、一部の発達障害児には多く見られる所見である。

(2) 発達障害が疑われる児童への保育上の留意点

　発達障害が疑われる児童に対しては、保育者は細かい特徴理解を進めることがまず第一であり、いかに特徴理解に裏づけされた保育上の工夫

を展開していけるかが鍵となるだろう。ぜひともこの作業は保護者といっしょに行ってほしい。発達障害は、まだ日本で障害分類として認知されるようになって間もなく、保護者は、どこまで正しいのか分からないような世間の情報に惑わされて、皆一度は混乱する。場合によっては服薬治療も助けになる場合があるし、卒園後は通級学級や特別支援学級に配属となることも少なくない。息の長い支援が必要であり、支援の経過においては、保護者と共に一歩ずつ先を見据えながら、地域資源の開拓を含め、子どもにとってより有効な家庭援助を行っていってほしい。保育の現場が子ども自身にとっても受け入れやすい場所、居心地の良い場所になるよう、最大限の配慮と工夫を講じていきたいものである。

【引用・参考文献】

黒澤礼子『幼児期の発達障害に気づいて・育てる完全ガイド』講談社、2008年

小枝達也監修、秋山千枝子・橋本創一・堀口寿広編『「育てにくさ」に寄り添う支援マニュアル』診断と治療社、2009年

齊藤万比古責任編集・著『子どもの心の心療入門』（子どもの心の心療シリーズ1）中山書店、2009年

篠田達明監修、沖高司・岡川敏郎・土橋圭子編『肢体不自由児の医療・療育・教育〔改訂2版〕』金芳堂、2009年

野辺明子・加部一彦・横尾京子編『障害をもつ子を産むということ──19人の体験』中央法規出版、1999年

野辺明子・加部一彦・横尾京子・藤井和子編『障害をもつ子が育つということ──10家族の体験』中央法規出版、2008年

平岩幹男『乳幼児健診ハンドブック〔改訂2版〕』診断と治療社、2010年

【監修者紹介】

林 邦雄（はやし・くにお）
　元静岡大学教育学部教授、元目白大学人文学部教授
　[**主な著書**]『図解子ども事典』（監修、一藝社、2004年）、『障がい児の育つこころ・育てるこころ』（一藝社、2006年）ほか多数

谷田貝 公昭（やたがい・まさあき）
　目白大学人間学部教授・同大学院生涯福祉研究科教授
　[**主な著書**]『新・保育内容シリーズ［全6巻］』（監修、一藝社、2010年）、『子ども学講座［全5巻］』（監修、一藝社、2010年）ほか多数

【編著者紹介】

青木 豊（あおき・ゆたか）［第9章］
　目白大学人間学部教授・同大学院生涯福祉研究科教授
　[**主な著書**]『乳幼児－養育者の関係性　精神療法とアタッチメント』（福村出版、2012年）、『虐待を受けた子どものケア・治療』（共著、診断と治療社、2012年）ほか多数

【執筆者紹介】

(五十音順、[ ]内は担当章)

海老名 悠希（えびな・ゆき）[第14章・第15章]
　YKストレスケアオフィス代表

荻原 はるみ（おぎわら・はるみ）[第8章]
　名古屋柳城短期大学教授

橘川 佳奈（きつかわ・かな）[第7章]
　昭和女子大学人間社会学部非常勤講師

今野 正良（こんの・まさよし）[第5章]
　桜花学園大学・大学院非常勤講師

榊原 剛（さかきばら・たけし）[第4章]
　名古屋女子大学文学部専任講師

関谷 眞澄（せきや・ますみ）[第12章]
　千葉女子専門学校講師、千葉敬愛短期大学講師

千草 篤麿（ちくさ・あつまろ）[第6章]
　高田短期大学教授

寺島 明子（てらしま・あきこ）[第10章]
　近自然的環境保育自然ランドバンバン主宰

林 恵（はやし・めぐみ）[第13章]
　大泉保育福祉専門学校専任講師

原子 はるみ（はらこ・はるみ）[第1章・第3章]
　函館短期大学准教授

矢野 正（やの・ただし）[第2章]
　大阪女子短期大学准教授

吉川 和幸（よしかわ・かずゆき）[第11章]
　札幌大谷大学短期大学部准教授

保育者養成シリーズ
障害児保育

2012年8月1日　初版第1刷発行
2014年4月25日　初版第2刷発行

監修者　林 邦雄・谷田貝 公昭
編著者　青木 豊
発行者　菊池 公男

発行所　株式会社 一藝社
〒160-0022　東京都新宿区新宿1-6-11
Tel. 03-5312-8890　Fax. 03-5312-8895
E-mail：info@ichigeisha.co.jp
HP：http://www.ichigeisha.co.jp
振替　東京 00180-5-350802
印刷・製本　シナノ書籍印刷株式会社

©Kunio Hayashi, Masaaki Yatagai 2012 Printed in Japan
ISBN 978-4-86359-045-8 C3037
乱丁・落丁本はお取り替えいたします

一藝社の本

保育者養成シリーズ
林 邦雄・谷田貝公昭◆監修

《"幼児の心のわかる保育者を養成する"この課題に応える新シリーズ》

児童家庭福祉論　　高玉和子◆編著
A5判　並製　224頁　定価（本体1,800円＋税）　ISBN 978-4-86359-020-5

保育者論　　大沢 裕・高橋弥生◆編著
A5判　並製　208頁　定価（本体2,200円＋税）　ISBN 978-4-86359-031-1

教育原理　　大沢 裕◆編著
A5判　並製　208頁　定価（本体2,200円＋税）　ISBN 978-4-86359-034-2

保育内容総論　　大沢 裕・高橋弥生◆編著
A5判　並製　200頁　定価（本体2,200円＋税）　ISBN 978-4-86359-037-3

保育の心理学Ⅰ　　谷口明子・西方 毅◆編著
A5判　並製　216頁　定価（本体2,200円＋税）　ISBN 978-4-86359-038-0

保育の心理学Ⅱ　　西方 毅・谷口明子◆編著
A5判　並製　208頁　定価（本体2,200円＋税）　ISBN 978-4-86359-039-7

相談援助　　高玉和子・和田上貴昭◆編著
A5判　並製　208頁　定価（本体2,200円＋税）　ISBN 978-4-86359-035-9

保育相談支援　　高玉和子・和田上貴昭◆編著
A5判　並製　200頁　定価（本体2,200円＋税）　ISBN 978-4-86359-036-6

保育・教育課程論　　高橋弥生◆編著
A5判　並製　216頁　定価（本体2,200円＋税）　ISBN 978-4-86359-044-1

障害児保育　　青木 豊◆編著
A5判　並製　208頁　定価（本体2,200円＋税）　ISBN 978-4-86359-045-8

保育実習　　高橋弥生・小野友紀◆編著
A5判　並製　208頁　定価（本体2,200円＋税）　ISBN 978-4-86359-046-5

幼稚園教育実習　　大沢裕・高橋弥生◆編著
A5判　並製　208頁　定価（本体2,200円＋税）　ISBN 978-4-86359-047-2

ご注文は最寄りの書店または小社営業部まで。小社ホームページからもご注文いただけます。

一藝社の本

新・保育内容シリーズ［全6巻］
谷田貝公昭◆監修

《新しい「幼稚園教育要領」「保育所保育指針」に対応した新シリーズ》

1 健康
高橋弥生・嶋﨑博嗣◆編著

A5判　並製　248頁　定価（本体2,000円＋税）　ISBN 978-4-86359-014-4

2 人間関係
塚本美知子・大沢 裕◆編著

A5判　並製　240頁　定価（本体2,000円＋税）　ISBN 978-4-86359-015-1

3 環境
嶋﨑博嗣・小櫃智子・照屋建太◆編著

A5判　並製　232頁　定価（本体2,000円＋税）　ISBN 978-4-86359-016-8

4 言葉
中野由美子・神戸洋子◆編著

A5判　並製　248頁　定価（本体2,000円＋税）　ISBN 978-4-86359-017-5

5 音楽表現
三森桂子◆編著

A5判　並製　256頁　定価（本体2,000円＋税）　ISBN 978-4-86359-018-2

6 造形表現
おかもとみわこ・大沢 裕◆編著

A5判　並製　232頁　定価（本体2,000円＋税）　ISBN 978-4-86359-019-9

ご注文は最寄りの書店または小社営業部まで。小社ホームページからもご注文いただけます。

一藝社の本

子ども学講座［全5巻］
林 邦雄・谷田貝公昭◆監修

《今日最大のテーマの一つ「子育て」――
子どもを取り巻く現状や、あるべき姿についてやさしく論述》

1 子どもと生活
西方 毅・本間玖美子◆編著

A5判　並製　224頁　定価（本体1,800円＋税）　ISBN 978-4-86359-007-6

2 子どもと文化
村越 晃・今井田道子・小菅知三◆編著

A5判　並製　224頁　定価（本体1,800円＋税）　ISBN 978-4-86359-008-3

3 子どもと環境
前林清和・嶋﨑博嗣◆編著

A5判　並製　216頁　定価（本体1,800円＋税）　ISBN 978-4-86359-009-0

4 子どもと福祉
髙玉和子・高橋弥生◆編著

A5判　並製　224頁　定価（本体1,800円＋税）　ISBN 978-4-86359-010-6

5 子どもと教育
中野由美子・大沢 裕◆編著

A5判　並製　224頁　定価（本体1,800円＋税）　ISBN 978-4-86359-011-3

ご注文は最寄りの書店または小社営業部まで。小社ホームページからもご注文いただけます。